Anita van Saan
Holger Haag
Ursula Stichmann-Marny

# Mein erster
# Tier- und Pflanzenführer

KOSMOS

# Impressum

Umschlaggestaltung von init GmbH, Bielefeld, unter Verwendung eines Fotos von Menno Schaefer/shutterstock.com

Unser gesamtes lieferbares Programm und viele weitere Informationen zu unseren Büchern, Spielen, Experimentierkästen, DVDs, Autoren und Aktivitäten findest du unter **kosmos.de**

MIX
Papier aus verantwortungsvollen Quellen
FSC® C015829

© 2014, Franckh-Kosmos Verlags-GmbH & Co.KG, Stuttgart
Alle Rechte vorbehalten
ISBN 978-3-440-14404-6
Lektorat: Ina Lutterbüse, Franka Nickel
Produktion: Verena Schmynec, Alexandra Mayr
Layout: Walter Typografie & Grafik GmbH
Printed in Italy/Imprimé en Italie

# Inhalt

**So gehts!**

**Wer lebt hier?**
Alle Pflanzen und Tiere in diesem Buch sind
nach den Orten, wo du sie beobachten kannst,
sortiert. Damit du dich schneller zurecht-
findest, steht jede der folgenden fünf Farben
für einen Lebensraum.

## So gehts!

Dieses Buch stellt dir die häufigsten Tiere und Pflanzen vor, die du bei uns entdecken kannst. Viele findest du direkt vor deiner Haustür, nach manchen Arten musst du suchen oder sogar graben, um sie aufzuspüren. Andere sind dagegen sehr auffällig und leicht zu entdecken. Bei deinen Streifzügen durch die Natur sind ein Kescher, eine Lupendose und ein Fernglas sehr hilfreich. Sie helfen dir beim Beobachten der Tiere.

Die **Farbleiste** am oberen Rand der Seite hilft bei der Suche nach Tieren und Pflanzen. Denn die unterschiedlichen Farben bezeichnen die verschiedenen Lebensräume. Natürlich kommen einige Arten auch in mehreren Lebensräumen vor.

### Schritt für Schritt bestimmen

Neben der **Lupe** steht beschrieben, an welchen Merkmalen du das Tier oder die Pflanze am leichtesten erkennst.

Der Text neben der **Landkarte** verrät dir, wo du die Art am ehesten findest.

Auf dem großen Bild werden dir die wichtigsten Merkmale der Art gezeigt. Einige Arten haben noch eine zusätzliche Abbildung, die dir Besonderheiten zeigt.

Wenn Männchen und Weibchen unterschiedlich aussehen, ist meist das buntere Männchen abgebildet.

Wiese und Feld

## Die Goldammer 🔊

kommt ganzjährig vor und wird 16 bis 17 cm groß.

🔍 Der intensiv gelbe Kopf und die gelbe Unterseite geben der Goldammer ihren Namen. Der Bürzel ist rostrot, der Rücken braun gestreift. Über die Brust zieht sich ein braunes Band. Das Weibchen ist blasser und nicht so intensiv gelb gefärbt. Auffällig ist der klirrende Gesang, der gerne mit den Worten „Ich, ich, ich hab dich so lieeeeb" umschrieben wird.

🗺 Unsere häufigste Ammer findest du auf offenen Heiden, Wiesen- und Ackerflächen mit Büschen und Hecken. Aber auch auf großen Waldlichtungen fühlt sie sich zu Hause. Ihr Nest liegt versteckt am Boden. Im Winter bilden sich kleine Schwärme, die gerne in der Nähe von Feldscheunen und Bauernhöfen bleiben. Hier finden sie noch genügend Körner von der Getreideernte.

Bürzel

**Mach mit!**

Ist dir schon einmal aufgefallen, dass viele Vögel um die Mittagszeit nicht mehr singen? Versuch mittags einmal mit Elefantenohren nach Vogelstimmen zu lauschen. Du wirst feststellen, dass sich viele Vögel ein schattiges Plätzchen suchen und Pause vom Singen machen. Bis auf die Goldammer; sie singt auch während der größten Hitze.

91

6

## Tierstimmen anhören

Mit dem TING-Stift kannst du die Laute der Tiere in diesem Buch hören.
Es geht ganz einfach:
· Den TING-Stift kannst du dir im Buchhandel besorgen.
· Zum Einschalten drückst du den On/Off-Knopf etwa zwei Sekunden lang,
dann hörst du einen kurzen Ton.
· Nun berührst du mit der Stiftspitze das Aktivierungs-Logo auf der Rück-
seite dieses Buches.
· Jetzt verbindest du einfach den Hörstift über den USB-Anschluss mit ei-
nem internetfähigen Computer. TING erkennt nun „Mein erster Tier- und
Pflanzenführer". Die Audio-Dateien werden auf den TING-Stift übertragen.
· Du kannst den TING-Stift jetzt vom Computer trennen. Alle Tierstimmen
sind nun auf dem Stift gespeichert!
· **Jetzt kann's losgehen:**
Mit der Stiftspitze tippst du auf das ⊙ Symbol, das bei dem Tiernamen
steht. Nun wird der Code gelesen und sofort hörst du die Laute des Tieres!

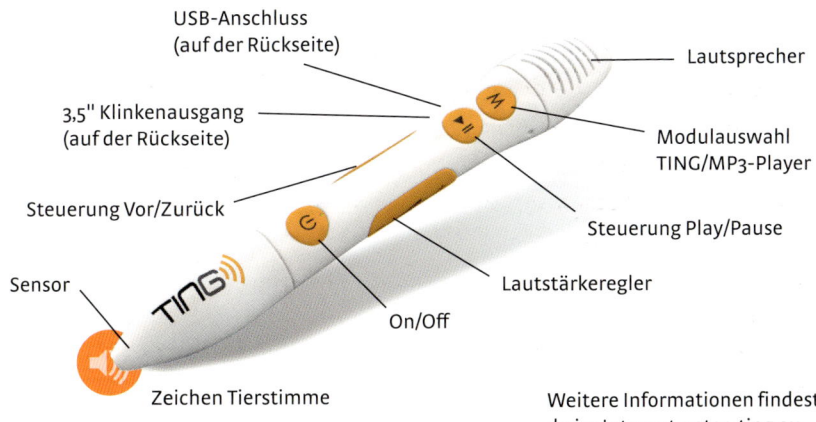

USB-Anschluss
(auf der Rückseite)

Lautsprecher

3,5" Klinkenausgang
(auf der Rückseite)

Modulauswahl
TING/MP3-Player

Steuerung Vor/Zurück

Steuerung Play/Pause

Sensor

Lautstärkeregler

On/Off

Zeichen Tierstimme

Weitere Informationen findest
du im Internet unter: ting.eu

*Die großen gelben Blüten der Sonnenblumen strahlen im Spätsommer mit dir um die Wette.*

**Schon gewusst?**

Die orangefarbenen *„Schon gewusst?"*-Kästen verraten dir spannende und interessante Details über die Tier- und Pflanzenart. Die *„Schau genau hin!"*- und *„Mach mit"*-Kästen geben dir Tipps zum Beobachten und Selbermachen.

---

**Vorsicht!**

Generell gilt: Tiere und wild wachsende Pflanzen oder Pflanzenteile niemals in den Mund nehmen oder gar essen! Denn viele Tiere und Pflanzen, selbst wenn sie in diesem Buch kein Totenkopfsymbol tragen, sind ungenießbar oder leicht giftig.

---

Manche Früchte oder Pflanzenteile kann man essen, aber du solltest sie vorher immer einem Erwachsenen, der sich damit auskennt, zeigen und ihn um Erlaubnis fragen.

Achte auch darauf keine geschützen Tiere und Pflanzen zu fangen oder abzupflücken. In Naturschutzgebieten gilt das übrigens für jede Art.

**Baum, Strauch oder Blume?**

Nicht immer ist es leicht zu erkennen, ob du einen Baum, einen Strauch oder eine krautige Pflanze („Blume") vor dir stehen hast. So mancher Strauch sieht manchmal aus wie ein kleiner Baum. Genauso kann ein kleiner Baum wie ein Strauch aussehen, besonders in der Stadt oder im Garten, wenn ein Gärtner sie beschneidet. Und selbst große Blumen wie die Klette können wie ein kleiner Busch aussehen.

Ein typischer Baum wie die Buche, hat einen festen durchgehenden Hauptstamm. Davon gehen die Seitenäste und die beblätterten Zweige ab und bilden eine Baumkrone. Ein Strauch wie die Haselnuss hat dagegen mehrere gleich große Hauptstämme, die von unten her verzweigt sind und immer wieder durch neue Triebe aus dem Boden ergänzt werden. Und bei große Blumen, die wie kleine Büsche aussehen, ist der Stängel meistens nicht so stark holzig, sondern eher weich. Oft lässt er sich leicht, auch ohne Säge, mit einem Messer abschneiden.

*Haselnuss*

*Buche*

# So gehts!

**Pflanzen sammeln**

Damit du dir die Pflanzen gut merkst, kannst du dir ein Herbarium anlegen. Dafür suchst du dir eine schön blühende Pflanze oder ein typisches
Blatt von einem Baum, und presst es zwischen Zeitungspapier in einem
dicken Buch (Vorsicht bei den giftigen Arten!). Nach einer Woche ist das
Blatt oder die Pflanze getrocknet und du kannst es auf einem weißen
Blatt Papier aufkleben. Daneben schreibst du den Namen der Pflanze,
den Ort und das Datum, an dem du es gesammelt hast.
Bei Bäumen kannst du selbstverständlich auch die Blüten und Früchte
sammeln, trocknen und aufkleben. Bei dicken Blüten und Früchten ist
das natürlich schwierig. Einfacher ist es dann ein Foto zu machen, das du
neben die Blätter klebst. Mit Fotos kannst du übrigens auch eine schöne
Tiersammlung anlegen.

*Im Herbst macht es Spaß die heruntergefallenen Blätter in den verschiedenen Farben zu sammeln.*

**Tiere mit und ohne Wirbelsäule**

Bestimmt ist dir schon aufgefallen, dass es unzählig viele verschiedene Tierarten gibt. Manche sind groß, andere winzig klein, manche haben acht und mehr, manche nur zwei oder gar keine Beine. Um einen Überblick über das Tierreich zu gewinnen, fassen Biologen die Tiere, die ähnlich aussehen und bestimmte Körpermerkmale gemeinsam haben, zu Gruppen zusammen.

Alle Tiere, die zur Gruppe der **Wirbeltiere** zählen, besitzen eine Wirbelsäule **1**, die den oberen Körper stützt und an der die Gliedmaßen sitzen.

Weitere Merkmale der Wirbeltiere sind das von Knochen geschützte Gehirn **2** und die Haut, die aus mehreren Schichten **3** besteht und von Haaren, Federn oder Schuppen bedeckt sein kann.

Weltweit gibt es heute etwa 54 000 Wirbeltierarten, die man in fünf Hauptgruppen aufteilt (siehe Tabelle auf der nächsten Seite).

# Säugetiere

mit Haaren oder Fell

gleich warm
(auch bei Kälte oder Hitze)

zum Beispiel:

Hund

Eichhörnchen

Giraffe

Wildschwein

Junge werden mit Muttermilch gesäugt

# Vögel

mit Federn

gleich warm

zum Beispiel:

Amsel

Huhn

Ente

Storch

Eier mit harter Schale, aus denen die Jungen schlüpfen

# Reptilien

mit Schuppen

wechselwarm
(so warm wie die Umgebung)

zum Beispiel:

Eidechse

Krokodil

Schlange

Schildkröte

Eier mit weicher Schale, aus denen die Jungen schlüpfen, z.T. lebendgebärend

# Amphibien

mit Drüsen

wechselwarm

zum Beispiel:

Frosch

Kröte

Molch

Salamander

Eier (oder Larven) werden im Wasser abgelegt, wasserlebende Larven, die sich zum lungenatmenden Landtier entwickeln

# Fische

mit Schuppen

wechselwarm

zum Beispiel:

Hai

Karpfen

Sardine

Forelle

Eier im Wasser, aus denen sich Jungfische entwickeln, z.T. lebendgebärend

Die meisten Tiere, die auf unserer Erde leben (genauer gesagt über 95 Prozent) besitzen aber keine Wirbelsäule. Sie zählen zu den Wirbellosen, wie z.B. Muscheln, Schnecken, Würmer, Tintenfische, Krebse und Insekten. Besonders artenreich sind die Gruppen der Insekten, Krebse und Weichtiere, die man an diesen Merkmalen erkennt:

**Weichtiere**

Haut weich, Schale hart

wechselwarm (so warm wie die Umgebung)

zum Beispiel:
Muschel
Schnecke
Tintenfisch

Keine Beine, allenfalls Fangarme wie beim Tintenfisch

**Krebse**

Panzer hart

wechselwarm

zum Beispiel:
Garnele
Strandkrabbe
Hummer

Zehn Beine, davon zwei als Scheren und acht zur Fortbewegung

**Insekten**

Außenskelett hart, Flügel häutig

wechselwarm

zum Beispiel:
Schmetterling
Käfer
Biene
Ameise

Sechs Beine, zwei Paar Flügel (manchmal zurückgebildet)

In diesem Buch kommen ganz unterschiedliche Tiere vor. Manche zählen zu den Wirbeltieren, andere zu den Wirbellosen. Versuche doch mal herauszufinden, zu welcher Gruppe sie gehören. Das schaffst du. Viel Spaß dabei!

**Besuch am Meer**

Hier noch ein paar Begriffe, die du kennen solltest, wenn du Urlaub am Meer machst.

An der Nordsee wird dir schnell der Wechsel von **Ebbe und Flut** auffallen. Aber wieso ist das Wasser einmal da und dann wieder weg? Das kommt so: Der Mond hat genauso wie die Erde eine Anziehungskraft. Die ist zwar nicht so stark, reicht aber aus, um das Wasser auf der Erde etwas anzuheben, es entsteht ein Wasserberg. Ein zweiter Wasserberg bildet sich auf der anderen Seite der Erde, dort bleibt das Wasser aus Trägheit etwas zurück. Trifft nun der Wasserberg auf eine Küste, herrscht dort Flut. Zwischen Ebbe und Flut liegen etwa sechs Stunden. Bei der Touristeninformation erfährst du die genauen Uhrzeiten. In der Ostsee gibt es kaum Ebbe und Flut, dafür ist das Meer zu klein. Hier hat der Wind mehr Einfluss auf den Wasserstand. Weht der Wind von der Küste weg, sinkt der Wasserstand.

*Ein Priel in einer Salzwiese*

**Vorsicht!**

Am Meer gibt es einige Verhaltensregeln, die du unbedingt beachten solltest. Achte auf Ebbe und Flut, denn bei auflaufendem Wasser kann dir durch einen Priel schnell der Weg ans rettende Ufer abgeschnitten werden. Gehe nie ohne erfahrenen Wattführer auf die Wattflächen hinaus. Denn bei schnell aufkommendem Nebel findest du den Weg nicht zurück. Auch bei Gewitter wird es sehr gefährlich, ein Blitz kann dich auf der offenen Fläche leichter treffen.

Der höchste Wasserstand bei Flut ist die **Hochwasserlinie**. Der niedrigste Wasserstand bei Ebbe nennt man **Niedrigwasserlinie**. Die **Gezeitenzone** ist der Bereich zwischen diesen Linien. Die Flächen, die bei Niedrigwasser trockenfallen, werden **Watt** genannt. Ein **Priel** ist ein natürlicher Wasserlauf im Watt oder in einer Salzwiese.

*Der Spülsaum – eine Fundgrube für Muschelsammler*

Im **Spülsaum** liegt das angeschwemmte Material aus dem Meer, meist an der Hochwasserlinie.

**Salzwiesen** werden regelmäßig von Salzwasser überspült, auch wenn es nur wenige Male im Jahr ist. Sie liegen meist zwischen Meer und Deich.

*In Salzwiesen findest du ganz spezielle Pflanzen.*

### Nordsee und Ostsee

Neben Ebbe und Flut gibt es noch einen anderen Unterschied zwischen Nord- und Ostsee. Die Tier- und Pflanzenarten sind in der Nordsee viel artenreicher. Das liegt am unterschiedlichen Salzgehalt des Wassers! In der Ostsee nimmt nämlich der Salzgehalt immer stärker ab, je weiter man nach Osten kommt. Denn zum offenen, salzreichen Meer hat die Ostsee nur einen relativ schmalen Zugang zwischen Schweden, Dänemark und Deutschland. Von dort gelangt nur bei starken Winterstürmen salzreiches Wasser in die Ostsee, während durch die vielen Flüsse ständig Süßwasser in die Ostsee fließt. Einige Arten, wie die Miesmuschel, können sich dem geringeren Salzgehalt anpassen, aber die meisten kommen nur noch in der westlichen Ostsee vor.

Nun aber raus in die Natur und viel Spaß beim Bestimmen!

# Lebensraum Stadt und Dorf

Die Honigbiene
Seite 20

Die Gemeine Wespe
Seite 21

Das Tagpfauenauge
Seite 22

Der Regenwurm
Seite 26

Der Igel
Seite 27

Das Eichhörnchen
Seite 28

Die Mehlschwalbe
Seite 32

Die Rauchschwalbe
Seite 33

Das Rotkehlchen
Seite 34

Der Kleiber
Seite 38

Der Gartenbaumläufer
Seite 39

Der Mauersegler
Seite 40

Der Gimpel
Seite 44

Der Grünling
Seite 45

Die Türkentaube
Seite 46

Der Kleine Fuchs
Seite 23

Die Hain-Bänderschnecke
Seite 24

Die Große Rote Weg-
schnecke Seite 25

Der Haussperling
Seite 29

Der Zaunkönig
Seite 30

Der Hausrotschwanz
Seite 31

Der Zilpzalp
Seite 35

Die Blaumeise
Seite 36

Die Kohlmeise
Seite 37

Die Bachstelze
Seite 41

Der Star
Seite 42

Die Amsel
Seite 43

Die Ringeltaube
Seite 47

Die Elster
Seite 48

# Lebensraum Stadt und Dorf

**Der Weißklee**
Seite 49

**Die Zaunwinde**
Seite 50

**Die Weiße Taubnessel**
Seite 51

**Die Nachtkerze**
Seite 55

**Der Rainfarn**
Seite 56

**Die Klette**
Seite 57

**Das Pfaffenhütchen**
Seite 61

**Die Winter-Linde**
Seite 62

**Die Sommer-Linde**
Seite 63

**Die Ahornblättrige Platane**
Seite 67

**Die Silber-Pappel**
Seite 68

**Der Ginkgo**
Seite 69

**Die Gemeine Rosskastanie**
Seite 73

**Die Nordmanns-Tanne**
Seite 74

**Die Europäische Lärche**
Seite 75

Das Gänseblümchen
Seite 52

Das Schneeglöckchen
Seite 53

Das Schöllkraut
Seite 54

Die Brennnessel
Seite 58

Der Breit-Wegerich
Seite 59

Die Kornelkirsche
Seite 60

Die Echte Mehlbeere
Seite 64

Die Haselnuss
Seite 65

Die Esskastanie
Seite 66

Die Echte Walnuss
Seite 70

Die Robinie
Seite 71

Die Vogelbeere
Seite 72

Die Eibe
Seite 76

Der Abendländische Lebens-
baum Seite 77

# Die Honigbiene

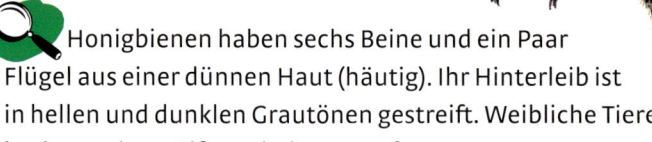

fliegt zwischen März und Oktober
und ist zwischen 15 mm (Arbeiterin)
und 19 mm (Königin) lang.

Honigbienen haben sechs Beine und ein Paar
Flügel aus einer dünnen Haut (häutig). Ihr Hinterleib ist
in hellen und dunklen Grautönen gestreift. Weibliche Tiere
besitzen einen Giftstachel. Am Kopf
sitzen Fühler, Facettenaugen und
Mundwerkzeuge, mit denen sie
lecken und saugen können. Im Garten kannst du beobachten, wie die
Honigbienen von Blüte zu Blüte
fliegen, Nahrung (Nektar und Honigtau) sammeln und diese in den
Bienenstock bringen.

## Schon gewusst?

Ein Bienenvolk (Bienenstaat) besteht
aus weiblichen Arbeiterinnen, männlichen Drohnen und der Königin. Die
Königin legt die Eier, die die männlichen Drohnen befruchten. Alle anderen Aufgaben erledigen die Arbeits-
bienen: Sie füttern die Larven (Maden),
reinigen, reparieren, verteidigen den
Bau und sammeln Nahrung. Der Nektar (Blütensaft) wird mit dem Rüssel
aus der Blüte gesaugt und im Honig-
magen der Biene gespeichert, wo er
zu Honig umgewandelt wird.

*Bienen bauen aus dem
Wachs ihrer Wachsdrüsen
Waben, die zur Aufzucht
der Maden dienen und in
denen Honig und Blüten-
staub gelagert wird.*

In der Natur besiedelt das
Bienenvolk meist eine Höhlung
(z.B. eine Baum- oder Felshöhle),
nimmt aber auch einen Bienenstock an, den der Imker zur Ver-
fügung stellt.

# Die Gemeine Wespe

fliegt zwischen April und Oktober und ist zwischen
11 mm (Arbeiterin) und 20 mm (Königin) lang.

Wie die Honigbienen sind
Wespen Staaten bildende
Insekten mit sechs
Beinen, zwei häuti-
gen Flügeln, Fühlern
und Facettenaugen.
Man erkennt sie an der
schwarz-gelben Warnfärbung und am kurzen Hinterleib.
Mit ihren Mundwerkzeugen können sie lecken, saugen und auch beißen.
Die ausgewachsenen Wespen ernähren sich von Nektar, zuckerhaltigen
Pflanzensäften und kleinen Insekten.

## Schon gewusst?

Wespen haben im Unterschied zu
Bienen einen Stachel ohne Widerha-
ken und können mehrmals stechen.
Solltest du einmal von einer Wespe
gestochen werden, gibt es einen
kleinen Trick um das Gift aus der
Wunde zu saugen. Drücke ein Stück
Würfelzucker auf die Wunde und
kühle anschließend mit Eis! Gefährlich wird ein Bienen- oder Wespen-
stich nur, wenn es zu allergischen
Reaktionen (z.B. Atembeschwerden,
Übelkeit) kommt. In diesem Fall musst
du sofort einen Arzt aufsuchen!

Ihr Nest baut die Gemeine
Wespe aus zerkauten, eingespei-
chelten Holzfasern in dunklen
Hohlräumen (z.B. in
unterirdischen
Mäusegängen,
auf Dachböden).
Anfangs besteht es
aus zehn bis zwanzig
papierartigen Brutwaben, die an
der Decke der Höhlung befestigt
und von einer kugelförmigen
Nesthülle umgeben sind.

# Das Tagpfauenauge

lässt sich zwischen Juni und Oktober beobachten und hat eine Spannweite von bis zu 6 cm.

Ein Tagpfauenauge erkennt man an den Flügeln, die auf der rotbraunen Oberseite zwei große, leuchtend schwarz-blau-gelb gefärbte Flecken haben, die an Augen erinnern. Sind die Flügel zusammengeklappt, sehen sie wie dürre Blätter aus.

Nach der Paarung legt das Weibchen auf der Unterseite von Brennnesselblättern 50 bis 200 Eier ab, aus denen nach 10 bis 20 Tagen kleine schwarze Raupen schlüpfen.

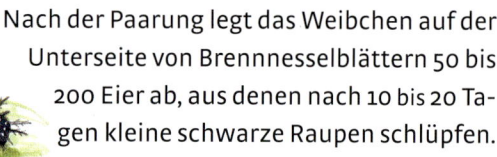

*Die Raupen sind mit feinen weißen Punkten übersät und tragen Stacheln auf den Leibesringen.*

Überall dort, wo Brennnesseln wachsen (Flussufer oder feuchte Stellen im Garten), kannst du ab Ende Juni die schwarzen Raupen des Tagpfauenauges entdecken. Die graugrünen bis braunen Puppen hängen meist gekrümmt an vertrockneten Pflanzenstängeln. Die aus den Puppen schlüpfenden Falter saugen gerne an Astern, Disteln und Sommerflieder in Hausgärten.

## Schon gewusst?

Im Herbst suchen sich die Falter ein Versteck (z.B. Dachböden) zur Überwinterung. Wenn du ein solches Tierchen entdeckst, bringe es nicht ins warme Zimmer, denn dort könnte es ohne Nahrung nicht überleben!

# Der Kleine Fuchs

lässt sich zwischen Mai und Oktober beobachten und hat eine Spannweite von bis zu 5 cm.

Die Oberseite der Flügel ist rötlich orangebraun, am Vorderflügel mit schwarzen, gelben und weißen Flecken. Am unteren Flügelrand befindet sich ein dunkelgrauer, hell durchsetzter Streifen mit leuchtend blauen Punkten. Als Futterpflanze für die Raupen dient, wie beim Tagpfauenauge, die Brennnessel. Die Raupen haben Stacheln, sind schwarz und tragen gelbe Längsstreifen.

*Mit seinem langen Rüssel saugt der Kleine Fuchs den Nektar aus den Blüten.*

## Schon gewusst?

Die Raupen des Kleinen Fuchses werden nicht von Vögeln gefressen, wahrscheinlich, weil sie durch ihre auffällige Färbung abschreckend wirken. Die Puppen scheinen dagegen gut zu schmecken, sie werden nicht verschmäht.

Die Raupennester des Kleinen Fuchses kann man an Brennnesseln an Wegrändern, Feldern und in sonnigen Gartenecken finden. Die hellgrünen bis braunen Puppen mit zackenartigen Ausbeulungen und goldenen Flecken hängen an Blattstängeln.

# Die Hain-Bänderschnecke

lässt sich von März bis Oktober beobachten und wird 2,5 bis 3 cm lang.

Der Körper der Hain-Bänderschnecke lässt sich wie bei allen Schnecken in Kopf, Fuß und Eingeweidesack gliedern. Mit dem muskulösen Fuß bewegt sie sich kriechend fort. In der Haut liegen Drüsen, die Schleim absondern. Das Schneckenhaus, das aus Kalk besteht, misst im Durchmesser 2 bis 3 cm und ist gelblich mit braunen oder schwarzen Streifen. Es schützt den Eingeweidesack, in dem die Organe liegen.

*Am Kopf befinden sich der Mund und vier griffel-förmige Fühler, von denen das hintere, längere Paar an der Spitze die Augen trägt.*

*Eingeweidesack mit Organen*

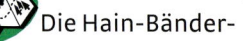

Die Hain-Bänder-schnecke lebt in Gebüschen, lichten Wäldern und in Gärten. Sie ernährt sich von Pflanzen, die sie mit ihrer Zunge (Radula), die von winzigen Zähnen besetzt ist, abraspelt und zermahlt. Den Winter verbringt sie in ihrem Haus in einer Kältestarre.

## Mach mit!

Leere Schneckenhäuser kannst du sammeln, mit Spülmittel gut reinigen und dann trocknen lassen. Auf Moostellern sehen sie besonders dekorativ aus. Mit einem starken Kleber lassen sie sich auch auf Broschennadeln, Haarspangen oder Ohrklipp-Unterteile aus dem Bastelladen kleben. Lass dir dabei von einem Erwachsenen helfen.

# Die Große Rote Wegschnecke

ist zwischen April und Oktober aktiv und
wird zwischen 10 bis 15 cm lang.

Die Große Rote Wegschnecke zählt zu den gehäuselosen Nacktschnecken, bei denen der Körper praktisch nur aus dem lang gestreckten
Fuß besteht. Vorne befindet sich auf der rechten Seite ein großes Atem-
loch. Die Färbung reicht von Rot, Braun, Grau bis Schwarz, seltener auch
weißlich. Stets rot bis bräunlich ist jedoch der Saum des Schneckenfußes.

*Schnecken bewegen sich auf
einer selbst produzierten
Schleimspur, die sie vor
Verletzungen schützt.*

An feuchten, schattigen
Stellen in Wäldern, Parks und
Gärten kannst du die Große Rote
Wegschnecke finden. Die Schnecke bildet ein schleimiges Drü-
sensekret, um nicht auszutrock-
nen, und kriecht nur nachts oder
bei feuchtem Wetter aus ihrem
Versteck im Boden, unter Stein-
haufen, Laub oder Holz. Ihre
Nahrung, die mit der Raspelzun-
ge zerkleinert wird, besteht aus
Pflanzen, Laub, Pilzen, Früchten,
Beeren, Aas und Kot. Den Winter
verbringen die Tiere in einer
geschützten Bodenhöhle.

## Schon gewusst?

Nach der Paarung legen die Tiere ihre
Eier im Boden ab. Ein Teil der Jung-
schnecken schlüpft noch im selben
Jahr, die meisten überwintern und schlüpfen erst im nächsten Frühjahr.

## Schon gewusst?

Verletzte Körperteile kann der Regenwurm leicht erneuern. Wenn der Regenwurm von einem Vogel aufgepickt wird, kann er am Hinterende eine Reihe von Körperabschnitten (Segmente) abschnüren und sich mit dem Vorderende in Sicherheit bringen. Wenn er in der Mitte getrennt wird, überleben aber nicht beide Teile, sondern nur der vordere Körperteil, in dem sich das „Gehirn" befindet, sofern er mehr als 40 Segmente und einen funktionstüchtigen Darm aufweist. Das abgetrennte Hinterende stirbt ab.

# Der Regenwurm

lebt tief im Boden und wird 9 bis 30 cm lang.

Der lang gestreckte Körper eines Regenwurms ist in verschiedene Abschnitte gegliedert. An seinem Körper befinden sich seitlich Borsten, mit denen er sich in der Erde vorwärts und rückwärts bewegen kann. Der am Kopf liegende Mund wird von einem Körperabschnitt verdeckt, daher ist es schwer, Vorder- und Hinterteil zu unterscheiden. Der Regenwurm atmet über seine stets feuchte Haut.

Der Regenwurm legt im Boden senkrechte, tiefe Wohnröhren an. Wenn Regenwasser in die Röhren gelangt, ertrinken die Würmer nicht, solange im Wasser genügend Sauerstoff gelöst ist. Trotzdem kriechen die Tiere bei starken Regenfällen an die Erdoberfläche. Die Nahrung besteht aus Erde und vermodertem Pflanzenmaterial, das die Würmer nachts an der Bodenoberfläche einsammeln und in den obersten Bereich der Wohnröhre einziehen.

# Der Igel

geht nachts auf Nahrungssuche
und wird bis zu 20 cm lang.

*Auch Igel-Babys, die zwischen Juni und September zur Welt kommen, haben bereits Stacheln, die aber anfangs noch in die Rückenhaut eingebettet sind. Die Jungen sind dann nicht größer als ein Streichholz.*

Gesicht und Bauchseite des Igels sind mit einem graubraunen Fell bedeckt. Auf der Kopfoberseite und dem Rücken des Igels wachsen 2 bis 3 cm lange, an den Spitzen cremeweiße Stacheln. Bei Gefahr kann sich das Tier einrollen und sieht dann wie eine Stachelkugel aus.

## Mach mit!

Geh einmal auf Igel-Expedition! Die beste Zeit dafür ist zwischen 18 bis 21 Uhr. Da geht der Igel auf Nahrungssuche nach Regenwürmern und Insekten. Igel suchen sich am liebsten ein gutes Versteck, wie einen Bretterhaufen. Halte auch mal nach Spuren Ausschau!

Igel leben in offenen Landschaften, die durch Hecken oder Gebüsch gegliedert sind. Auch Waldränder, Friedhöfe, Parks und Gärten sind als Wohnort beliebt. Ab November rollt er sich dort ein und hält bis April Winterschlaf.

*Sein kugelförmiges Schlafnest baut sich der Igel in einem Versteck (z.B. in einem Bretterhaufen).*

27

# Das Eichhörnchen

ist ganzjährig zu beobachten und wird (mit Schwanz) bis zu 40 cm lang.

Das Eichhörnchen hat ein hellrotes bis braunschwarzes Fell, nur an der Bauchseite ist es weiß. Die spitzen Ohren sind mit Haarbüscheln (Pinseln) besetzt. Der buschige, bis zu 20 cm lange Schwanz zeigt beim Sitzen nach oben. Beim Klettern und Springen dient er als Steuer und hält das Gleichgewicht.

*Im Herbst sammelt das Eichhörnchen Wintervorräte und vergräbt diese im Boden.*

Ursprünglich sind Eichhörnchen Waldbewohner. Sie leben heute aber auch in Gärten, Parks und Obstplantagen. In den Astgabeln der Baumkrone bauen sich die Nagetiere aus Zweigen rundliche Nester (Kobel), die innen mit Moos und Gras weich ausgepolstert sind. Im Winter, verkriechen sie sich in ihr gemütliches Nest.

*Nüsse, Samen, Knospen nascht es gerne, aber auch Beeren, Rinde und Insekten mag es.*

*Eichhörnchen in ihrem Kobel*

## Schon gewusst

Eichhörnchen-Babys kommen nackt und blind zu Welt. Neun Wochen lang werden sie im Kobel vom Muttertier gesäugt. Nach etwa 15 Tagen wächst ihr Fell, nach 30 Tagen öffnen sie die Augen und es bilden sich die ersten Nagezähne.

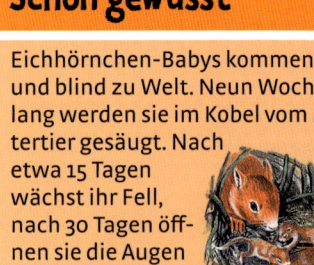

# Der Haussperling

lässt sich das ganze Jahr über beobachten und wird 14 bis 16 cm lang.

Der Haussperling, auch Spatz genannt, trägt ein aschgraues Gefieder. Beim Weibchen ist es unauffällig graubraun mit dunklen Streifen und beigefarbenen Bändern an den Flügeln, an der Bauchseite weißlich grau.

## Schon gewusst?

Haussperlinge teilen gern. Sobald ein Tier Nahrung entdeckt hat, lockt es seine Freunde und Verwandte durch Rufe und beginnt erst zu fressen, wenn diese da sind. Große Brocken werden meist mit dem Fuß festgehalten und dann zerkleinert.

Das Männchen erkennst du an seinem grauen Scheitel mit breiten, kastanienbraunen Streifen, am schwarzen Latz und den weißlichen Halsseiten.

Fast überall dort, wo Menschen leben, ob in Dörfern, Vorstädten oder Stadtzentren mit großen Parkanlagen, kann man Haussperlinge beobachten. Ihre Nahrung besteht hauptsächlich aus Samen, Körnern, Knospen oder aus Haushaltsabfällen. Das kugelförmige Nest aus Stroh oder Gras legen die Tiere in Höhlen, Spalten, Nischen an Bauwerken, in Felsen, Erdwänden oder Bäumen an. Sie suchen sich auch ungewöhnliche Nistplätze (wie z.B. Straßenlampen oder Baumaschinen).

## Stadt und Dorf

# Der Zaunkönig

kommt ganzjährig vor und wird 9 bis 10 cm groß.

Der kleine, kugelige Vogel mit braunem quergebändertem Rückengefieder, weißem Überaugenstreif und heller Brust huscht flink wie eine Maus von Gebüsch zu Gebüsch. Seine kurzen Schwanzfedern sind meist steil aufgerichtet. Aus dem Schnabel des Winzlings tönt ein laut schmetternder Gesang, der manchmal auch im Winter zu hören ist.

Der Zaunkönig kommt im Unterholz von Wäldern, Parks und Gärten vor, gerne auch in der Nähe von Wasser. Im dichten Gebüsch sucht er nach kleinen Insekten und Spinnen zum Fressen. Im Winter besucht er auch die Futterstellen.

*kugelförmiges Nest*

## Schon gewusst?

Das Zaunkönig-Männchen baut im Frühling mehrere kugelförmige Nester mit einem seitlichen Eingang. Meist sind diese gut versteckt in Holzstapeln, Efeuranken oder in den Baumwurzeln umgestürzter Bäume. Das Weibchen kann sich ein Nest davon aussuchen. Die anderen Nester sind aber nicht umsonst gebaut, sie werden gerne zum Übernachten genutzt. Im Winter teilen sich sogar mehrere Zaunkönige ein Nest. So ist es wärmer und sie sparen wertvolle Energie.

# Der Hausrotschwanz

**kommt von März bis Oktober vor und wird 13 bis 14 cm groß.**

Das Hausrotschwanz-Männchen hat ein schwarzes Gesicht und schwarzes Bauchgefieder. Der Rücken ist aschgrau und auf dem Flügel befindet sich ein helles Feld. Nur der Schwanz ist rostrot, typisch für unsere heimischen Rotschwänze und fällt besonders im Flug auf. Das Weibchen hat ein helleres graubraunes Federkleid. Beide wippen und zittern auffällig mit dem Schwanz. Oft noch vor der Dämmerung kannst du das raue, gepresste Lied des Männchens auf dem Hausdach hören. Bei Erregung ruft es laut „teck-teck".

*Jungvogel*

Eigentlich ist der Hausrotschwanz ein Bewohner sonniger Felslandschaften der Berge. Doch seit die Menschen Burgen, Dörfer und Städte bauen, hat er sich auch in der Ebene angesiedelt. Für ihn ist ein Haus nichts weiter als ein Felsen. Naturnahe Gärten dienen ihm als Futterquelle mit Insekten und Beeren. Sein Nest siehst du vor allem in Mauernischen oder offenen Garagen. Im Herbst fliegt er in den Mittelmeerraum und überwintert dort.

## Schon gewusst?

Der Hausrotschwanz ist ein fleißiger Sänger. Im Frühsommer kann er von Sonnenaufgang bis Sonnenuntergang fast ununterbrochen singen, nur am Nachmittag legt er eine Pause ein. Rechnet man die reine Gesangszeit, kommt der Hausrotschwanz auf über sechs Stunden. Stell dir einmal vor, du müsstest sechs Stunden am Tag singen!

# Die Mehl- schwalbe

kommt von April bis Oktober vor und wird 13 bis 15 cm groß.

## Schon gewusst?

Kommt es im April oder Mai noch einmal zu einem Kälteeinbruch, haben die Mehlschwalben ein Problem, denn dann fliegen auch keine Insekten mehr, von denen sie sich ernähren. Um nicht zu verhungern, können Mehlschwalben ihren Energieverbrauch um die Hälfte verringern, indem sie in Ruhe ihre Körpertemperatur um einige Grad absenken. In dieser Art Kältestarre können sie ein paar Tage ohne Nahrung überstehen.

Im Vergleich zur Rauchschwalbe hat die Mehlschwalbe nur einen leicht gegabelten Schwanz, ohne lange Schwanzspieße (Federn, die über den Schwanz hinausschauen). Die Unterseite ist rein weiß, genau wie der Bürzel, der sich von dem blauschimmernden Rückengefieder absetzt und im Flug sofort auffällt. Sie ruft kurz „prrt" oder „pripit".

*Bürzel*

Die Mehlschwalbe kommt etwa zwei bis drei Wochen später als die Rauchschwalbe aus ihrem afrikanischen Winterquartier zurück. Auch sie baut ihr Lehmnest gerne in der Nähe von Bauernhöfen mit Vieh, wo es viele Insekten gibt. Doch sie jagt in größeren Höhen, oft zusammen mit den Mauerseglern, und fängt kleinere Insekten.

*Mehlschwalbe im Flug*

# Die Rauchschwalbe

kommt von April bis Oktober vor und wird 18 bis 20 cm groß.

Im Flug fallen die langen Schwanzspieße (siehe Abbildung) dieses eleganten Fliegers auf. Das Rückengefieder der Rauchschwalbe ist glänzend metallisch blau, der Bauch weiß. Stirn und Kehle sind auffällig dunkelrot. Im Sommer kannst du ihr schnelles, raues Zwitschern und ihren Flugruf „witt" in den Dörfern hören.

Rauchschwalbe
im Flug

Schwanzspieße

Im April kehren die Rauchschwalben aus ihren afrikanischen Winterquartieren zurück. Sie brüten dann bei uns gerne in Bauernhöfen, wo Kühe und Schweine viele Fliegen anziehen. Im Herbst sammeln sie sich für die Reise nach Afrika häufig auf Leitungsdrähten und im Schilf.

## Schau genau hin!

Wie die Mehlschwalbe baut auch die Rauchschwalbe ein Nest aus Lehm. Du kannst sie dabei beobachten, wie sie in kleinen Pfützen mit dem Schnabel Lehmklümpchen sammelt. Doch während die Mehlschwalbe ihr Nest außen an Hauswänden anbringt, findest du die Rauchschwalbennester fast ausschließlich in Gebäuden und vor allem in Ställen. Schau genau hin, dann findest du bestimmt ein Nest!

# Das Rotkehlchen

kommt ganzjährig vor und wird 13 bis 14 cm groß.

An seinem orangeroten Gesicht und dem Kehllatz sowie den großen dunklen Augen ist das Rotkehlchen leicht zu erkennen. Der Rest des Gefieders ist unscheinbar oliv- bis graubraun. Ständig zuckt es mit Schwanz und Flügeln. Vor allem in der Morgen- und Abenddämmerung kannst du seinen leisen, melodischen, leicht traurigen Gesang hören. Bei Störungen warnt das Rotkehlchen dagegen mit einem scharfen „Zick-zick".

## Schon gewusst?

Junge Rotkehlchen sehen ganz anders aus als ihre Eltern. Sie haben zwar schon die leicht rundliche Gestalt, tragen aber ein rotbraunes Gefieder und sind hell gesprenkelt. Das ist eine prima Tarnung am Boden oder im Gebüsch. Aber schon im Herbst, nach der ersten Mauser (= Gefiederwechsel), bekommen sie auch eine rote Kehle und sehen aus wie ihre Eltern.

Kehllatz

Wie der Zaunkönig kommt auch das Rotkehlchen gerne in Wäldern mit viel Unterholz sowie in Parks und Gärten vor. Das Nest wird gut versteckt in kleinen Höhlungen nahe dem Boden angelegt. Im Winter siehst du das Rotkehlchen an die Futterhäuschen kommen, wo es die Früchte frisst.

## Schon gewusst?

Die Zwillingsart zum Zilpzalp ist der Fitislaubsänger. Er sieht dem Zilpzalp sehr ähnlich, hat aber etwas längere Flügel und helle Beine. Am leichtesten unterscheidest du sie am Gesang. Denn der Fitis hat einen kurzen, melodischen, von der Tonhöhe abfallenden Gesang. Obwohl beide Arten in Wäldern und Gebüschen leben, bauen sie ihr Nest gut versteckt am Boden.

*Fitis*

# Der Zilpzalp

kommt von März bis Oktober vor und wird 10 bis 12 cm groß.

Unverkennbar singt der Zilpzalp laut seinen eigenen Namen, ein immer abwechselndes „Zilp-zalp, Zilp-zalp". Mit den Augen ist der kleine, unscheinbare Laubsänger schwieriger zu entdecken. Kopf und Rücken sind grünlich grau bis braun gefärbt und gut getarnt. Seine Unterseite ist schmutzig weiß bis gelblich. Meist turnt der Zilpzalp in den äußeren Zweigen von Bäumen und Büschen herum, auf der Suche nach kleinen Insekten.

Der Zilpzalp kommt häufig in Laubwäldern vor, aber auch in großen Parks, Gärten oder Feldgehölzen. Er überwintert im Mittelmeerraum und in Nordafrika. Frühestens ab Mitte März ist sein typischer Gesang wieder bei uns zu hören.

# Die Blaumeise

kommt ganzjährig vor und wird 10 bis 12 cm groß.

Wie der Name schon sagt, hat die kleine Blaumeise ziemlich viel Blau im Gefieder: einen blauweißen Kopf, blaue Flügel und einen blauen Schwanz. Ihre Unterseite ist gelb und der Rücken grünlich. Im Frühling singt das kleine Meislein ein helles „Zi-zi-zirrr".

Die Blaumeise kommt fast überall vor. Nur dichte Nadelwälder meidet sie etwas. Als Höhlenbrüter geht sie gerne in aufgehängte Meisenkästen und brütet sogar manchmal in Briefkästen.

*Blaumeise mit Jungvogel*

Im Winter ist sie ein häufiger Besucher an den Futterhäuschen. Meist streift sie dann in kleinen Gruppen durch die Gärten.

*Blaumeise im Nistkasten*

## Schon gewusst?

Blaumeisen bekommen ganz viele Jungen. In manchen Jahren, wenn es viel zu fressen gibt, legen sie 9 bis 15 Eier. Dann wird es im Nistkasten ganz schön eng. Um die Jungen großzuziehen, sammeln die Eltern 7 000 bis 8 000 Raupen und andere Insekten. Ein Meisenpaar ist also für den Gärtner ein gutes Helferteam gegen lästige Pflanzenfresser.

# Die Kohlmeise

kommt ganzjährig vor und wird 13 bis 15 cm groß.

*Kohlmeise beim Öffnen einer Milchflasche*

Die Kohlmeise ist unsere größte und häufigste Meise. Ihren Namen verdankt sie ihrem schwarzen Kopf, dessen Wangen je ein weißer Wangenfleck ziert. Die Unterseite ist gelb mit einem schwarzen Mittelstreifen. Flügel und Schwanz sind bläulich, der Rücken ist olivgrün. Ihre lauten „Zizidäh-zizidäh"-Rufe kündigen in der Regel den Frühling an.

Überall, wo es Bäume gibt, findest du auch eine Kohlmeise. Wie die Blaumeise brütet sie in natürlichen Höhlen und Nistkästen. Im Winter ist sie ein gern gesehener Gast an Futterhäuschen und Meisenknödeln. Dort vertreibt sie gerne als stärkste und frechste Meise die schwächeren hungrigen Vögel.

*Kohlmeise am Meisenknödel*

## Mach mit!

Im Winter versteckt der Kleiber gerne Nüsse, Bucheckern und Sonnenblumenkerne als Vorrat in den Ritzen von Bäumen mit grober Borke, z.B. Eichen. Schau dir die Rinde einer Eiche einmal genau an, vielleicht findest du ein paar Vorräte. Seinen Namen verdankt der Kleiber übrigens der Tatsache, dass er die Eingänge von seinen Bruthöhlen mit Lehm so zuklebt, dass ihm keine größeren Vögel den Nistplatz streitig machen können.

*Kleiber verkleinert Eingang zur Bruthöhle.*

# Der Kleiber

kommt ganzjährig vor und wird 13 bis 14 cm groß.

An seinem orangeroten Brust- und Bauchgefieder und dem grauen Rücken ist der Kleiber leicht zu erkennen. Sein auffälliger schwarzer Streifen am Auge erinnert etwas an die Augenklappe eines Piraten. Sein Kopf wirkt groß, vor allem wegen seines kräftigen Schnabels, mit dem er leicht harte Samenschalen aufhacken kann. Der Kleiber ist der einzige Vogel bei uns, der Baumstämme auch kopfüber herunterlaufen kann. Er ruft laut und kräftig „tuit-tuit-tuit …".

Du findest ihn häufig in Parks, Friedhöfen und Laubwäldern mit alten großen Bäumen, besonders alten Eichen. Im Winter kannst du ihn am Futterhäuschen beobachten, wie er sich Sonnenblumenkerne holt.

# Der Gartenbaumläufer

kommt ganzjährig vor und wird 12 bis 14 cm groß.

## Schau genau hin!

Achte einmal darauf, wie der Gartenbaumläufer am Stamm hochklettert. Er läuft nicht in gerader Linie hoch, sondern spiralförmig immer um den Stamm herum. Oben angekommen, fliegt er wieder an den Stammfuß eines benachbarten Baumes. Normalerweise sind Gartenbaumläufer Einzelgänger, doch im Winter übernachten sie auch zusammengekuschelt in einer Baumspalte.

Dank seiner braun-weiß gemusterten Oberseite ist es nicht so leicht, den Gartenbaumläufer an einem Baumstamm zu entdecken. Wie eine Maus läuft er ruckartig die Baumstämme hoch, der lange Schwanz dient ihm dabei als Stütze. Mit seinem langen gebogenen Schnabel sucht er zwischen der Rinde nach Insekten.

*Gartenbaumläufer wechselt den Baum.*

In lichten Laub- und Mischwäldern, in Streuobstwiesen und Parks findest du den Gartenbaumläufer. Er mag vor allem Bäume mit grober Rinde, wie Eichen, Eschen oder Obstbäume. Sein Nest baut der Gartenbaumläufer hinter abstehenden Rindenstücken oder in Stammspalten.

### Schon gewusst?

Der Mauersegler verbringt die meiste Zeit seines Lebens in der Luft, sogar im Schlaf. Dafür fliegt er abends bis zu 3 000 Meter hoch in die Luft. Dann segelt er die meiste Zeit. Er muss nur wenig mit den Flügeln schlagen, um ab und zu wieder an Höhe zu gewinnen. Bei Windstille segelt er in großen spiralförmigen Bahnen, um sich nicht so weit vom Ausgangspunkt zu entfernen.

# Der Mauersegler

kommt von Mai bis August vor und wird 17 bis 19 cm groß.

Fast immer in der Luft kannst du den Mauersegler beobachten. Mit seinen schmalen, sichelförmigen Flügeln und dem gegabelten Schwanz ist er ein perfekter Flieger. Er erinnert etwas an Schwalben, ist aber größer und hat bis auf eine helle Kehle ein schwarzes Gefieder. Die Beine sind so kurz, dass er damit kaum laufen kann.

Eigentlich brütet der Mauersegler in Felsspalten und Baumhöhlen. Aber heute lebt er meist unter den Dächern in den Städten und hat sich an das Leben in der Nähe der Menschen angepasst. Du kannst ihn gut dabei beobachten, wie er rasant durch die Häuserschluchten saust und schrill „srii-srii" ruft.

## Schon gewusst?

Der Name „Bachstelze" passt eigentlich viel besser zur Gebirgsstelze, denn sie lebt an saubereren, schnell fließenden Bächen und kleinen Flüssen. Hier baut sie ihr Nest in die Uferböschung oder in Höhlungen von Brücken. Du erkennst sie leicht an ihrem blaugrauen Rücken und Kopf, der gelben Unterseite und dem gelben Bürzel. Das Männchen hat im Gegensatz zum Weibchen eine schwarze Kehle.

*Gebirgsstelze*

# Die Bachstelze

kommt von März bis Oktober vor und wird 17 bis 19 cm groß.

Mit kleinen trippelnden Schritten läuft die Bachstelze umher. Dabei wackelt sie mit dem Kopf und wippt oft mit ihrem langen Schwanz. Das Gefieder ist schwarz-weiß und grau. Auffällig sind der schwarze Kehllatz, die schwarze Kopfkappe und die weiße Gesichtsmaske. Im wellenförmigen Flug ruft sie „zli-ipp" oder „ziwlitt".

*Kopfkappe*

*Kehllatz*

Die Bachstelze ist ein Kulturfolger, der gerne in der Nähe von menschlichen Siedlungen wohnt. Hier baut sie ihr Nest in Nischen und Halbhöhlen, zum Beispiel in Holzstapeln oder unter dem Dach des Gartenhäuschens. Im Oktober ziehen die meisten Bachstelzen ans Mittelmeer, einige bleiben im Winter in warmen Gegenden auch hier.

# Der Star

kommt von Februar bis November vor
und wird 19 bis 22 cm groß.

Der Star hat ein schwarzes bis
grünviolett metallisch glänzendes
Gefieder. Nach dem Gefiederwechsel im Herbst zeigen
die neuen Federn eine weiße
Spitze. Daher hat der Star
seinen Namen, denn die weißen Spitzen
sehen aus wie Sterne. Er wird dann auch
Perlstar genannt. Bis zum Frühling haben
sich die weißen Spitzen abgenutzt und
das Gefieder ist einheitlich schwärzer.
Der Schnabel leuchtet schön gelb.

In nicht so dicht gedrängten Wäldern, Parks und Gärten ist der Star zu
Hause, wenn es dort Bäume mit geeig-
neten Bruthöhlen gibt. Meist ist es eine
alte Spechthöhle oder ein Nistkasten.

## Schau genau hin!

Von weitem sehen sich Star
und Amsel recht ähnlich.
Achte aber einmal darauf, wie
sie über die Wiese laufen: Die
Amsel hopst mit beiden Beinen, während der Star einen
Fuß vor den anderen setzt und
dabei mit dem Kopf wackelt.
Der Star kann übrigens den
Gesang anderer Vögel recht
gut nachmachen. Also nicht
wundern, wenn im Garten
scheinbar ein Bussard ruft.

Im Herbst bilden sich große Schwärme
aus oft mehreren Tausend Vögeln, die
zum Überwintern in den Mittelmeerraum fliegen. Einige Stare bleiben in
der kalten Jahreszeit auch bei uns,
meist in den wärmeren Großstädten.

# Die Amsel

kommt ganzjährig vor und wird 24 bis 29 cm groß.

Die männliche Amsel hat ein einheitlich pechschwarzes Federkleid und einen leuchtend gelben Schnabel. Dagegen ist das Weibchen eher unscheinbar braun gefärbt. Das Gefieder ist bei der Amsel zwar nicht so hübsch, dafür zählt sie zu unseren schönsten und melodischsten Sängern. Im Winter hörst du ihre schnellen „Tick-tick"- Rufe.

## Schau genau hin!

Amseln sind Meister im Nestbau. Zuerst wird ein napfförmiger Rohbau aus Wurzeln, Halmen und Moos angefertigt. Dann kleidet der Vogel das Ganze mit feuchter Erde und Lehm aus, sodass ein richtig hartes und stabiles Nest entsteht, wenn die Erde trocknet. Zuletzt polstert sie mit einer Schicht feiner weicher Halme die Nestmulde aus. Die Nester werden meist in dichtem Gebüsch angelegt, kommen aber auch in einem Balkonkasten oder in einer offenen Garage vor. Vielleicht findest du ja eines bei euch in der Garage!

Eigentlich ist die Amsel ein scheuer Waldvogel, doch vor ca. 150 Jahren ist sie langsam in unsere Dörfer und Städte eingewandert und zählt jetzt zu unseren häufigsten Brutvögeln.

# Der Gimpel

wird auch Dompfaff genannt. Er kommt ganzjährig vor und wird 16 bis 17 cm groß.

Ein gemütlicher, dicklicher Vogel mit hellrotem Brust- und Bauchgefieder, einer schwarzen Kopfplatte und einem schwarzen Gesicht – das kann nur der Gimpel sein. Der Rücken ist grau und im Flug leuchtet ein weißer Bürzel auf. Besonders auffällig ist noch der dicke Körnerfresserschnabel. Das Weibchen ist etwas blasser gefärbt und hat ein hellbraunes Brust- und Bauchgefieder. Mit weichen „Djüh"- oder „Bit-bit"-Rufen halten die Gimpel untereinander Kontakt.

In gebüschreichen Nadel- und Mischwäldern, Friedhöfen, Parks und Gärten ist der Gimpel im Sommer zu Hause. Während der Brutzeit verhält er sich sehr unauffällig, sodass man ihn kaum sieht.

## Schon gewusst?

Früher wurden Gimpel gerne wie Kanarienvögel in Käfigen gehalten. Nicht nur wegen ihres schönen Gefieders, sondern auch wegen ihres Gesangs. Denn junge Gimpel sind sehr lernfähig. In der Natur lernen sie die Strophen von ihren Eltern. Wird ein junger Gimpel aber mit der Hand aufgezogen, kann er ein bis zwei Melodien und ganze Liederstrophen lernen, die ihm sein Pfleger vorpfeift.

# Der Grünling

wird auch Grünfink genannt.
Er kommt ganzjährig vor und wird
14 bis 16 cm groß.

Wie sein Name schon sagt, ist
der Grünling vor allem grün gefärbt.
Die Männchen haben eher gelblich
graugrüne Federn, die Weibchen ein
blasseres braungrünes Gefieder.
Das gelbe Flügelfeld und den dicken
Schnabel haben beide. Der Gesang
erinnert mit seinen trillernden und
zwitschernden Tönen ein wenig an
einen Kanarienvogel. Ansonsten
ruft der Grünling gerne quäkend
„dschwäää".

## Schau genau hin!

An den Schnäbeln der Vögel
kannst du meist leicht erkennen, was sie fressen. Der dicke,
klobige Schnabel des Grünlings
ist gut, um größere Samen wie
Sonnenblumenkerne und Bucheckern zu knacken oder um
Früchte und Beeren zu fressen.
Der Stieglitz dagegen hat einen
kleineren Schnabel und frisst
auch eher kleinere Samen. Und
mit ihrem pinzettenartigen
Schnabel kann die Mönchsgrasmücke gut Insekten fangen.

*Grünling im
Hagebuttenstrauch*

Der Grünling ist ein
häufig vorkommender Vogel in
Parks, Gärten, Dörfern und an Waldrändern. Er baut sein Nest gerne in
dichten Nadelbäumen und -büschen,
meist in mehr als zwei Metern Höhe.
Im Winter bilden sich oft kleinere
Schwärme, die auch gemeinsam an
die Futterhäuschen kommen.

45

# Die Türkentaube

kommt ganzjährig vor und wird 31 bis 34 cm groß.

## Schon gewusst?

Seit ca. 100 Jahren breitet sich die Türkentaube aus dem Südosten Europas rasant aus. Noch um 1950 gab es keine brütenden Türkentauben in Deutschland. Heutzutage hat sie ganz Westeuropa erobert. Solche Ausbreitungen von Vogelarten kommen immer wieder vor, meist verlaufen sie aber nicht so schnell wie bei dieser Vogelart.

*Vor ca. 100 Jahren*

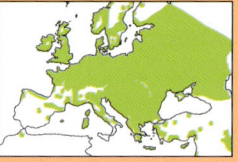

*Heutige Verbreitung*

„Du-duh-du" ruft die Türkentaube von einem Hausdach und macht so auf sich aufmerksam. Die relativ kleine, langschwänzige Taube hat ein einheitlich sandbraunes Gefieder, an dem dir bestimmt schon das schwarze Nackenband aufgefallen ist.

Die Türkentaube ist ein Kulturfolger. Du findest sie in Städten, Dörfern, Parks und Gärten. Das Nest besteht aus lose zusammengeworfenen, trockenen Zweigen und sieht sehr unfertig aus. Darin werden zwei Junge großgezogen und das zwei- bis dreimal im Jahr. Im Winter kommen Türkentauben auch an die Futterhäuschen.

*Nackenband*

# Die Ringeltaube

kommt ganzjährig vor und wird 38 bis 43 cm groß.

Die Ringeltaube ist die größte Taube Europas. Ihr Körper wirkt recht dick, im Gegensatz zum relativ kleinen Kopf. Das Gefieder ist blaugrau mit rosavioletter Brust. Der weiße Fleck am Hals fällt sofort auf, ebenso die weißen Streifen im Flügel, wenn sie fliegt. Beim Auffliegen hörst du oft ein Flügelklatschen. Sie ruft vier- bis fünfmal hintereinander „gurrr-gurr-gurr".

*Balzflug von Ringeltauben*

Die Ringeltaube brütet sowohl in Laubwäldern als auch in offenen Landschaften mit Baumgruppen und vielen Hecken. Aber auch in Parks, Friedhöfen und Gärten kommt die Ringeltaube vor. Im Winter bilden sich größere Schwärme, die auf den abgeernteten Getreidefeldern nach übrig gebliebenen Körnern suchen. Im Wald suchen sie nach Bucheckern und Eicheln.

## Schau genau hin!

Viele Vogelarten machen im Frühling nicht nur mit ihrem Gesang auf sich aufmerksam und grenzen so ihr Revier ab. Sie verbinden ihren Gesang mit besonderen Flugmanövern, den Balzflügen. Die Ringeltaube steigt zunächst 20 bis 30 Meter hoch in die Luft, um dann mit gestreckten Flügeln und gespreiztem Schwanz wieder abwärts zu gleiten. Am höchsten Punkt hörst du sie mit den Flügeln klatschen. Den Balzflug wiederholt sie bis zu fünfmal hintereinander.

# Die Elster

kommt ganzjährig vor und wird
40 bis 51 cm groß.

Die Elster ist mit ihrem
schwarz-weißen Gefieder und
dem langen Schwanz unver-
wechselbar. Flügel und Schwanz
haben bei entsprechendem
Lichteinfall einen schönen
blaugrün metallischen Glanz.
Die Elster ruft laut und ein
wenig heiser mehrmals
„tschack-tschack-tschack".

## Schon gewusst?

Die Elster ist zwar diebisch, aber auch
besonders schlau. Ihre Klugheit verdankt sie der Tatsache, dass sie zunächst immer alles misstrauisch und
genau beobachtet, bevor sie sich an
unbekannte Sachen heranwagt.
Diebisch ist sie, weil sie andere Vogel-
nester plündert.

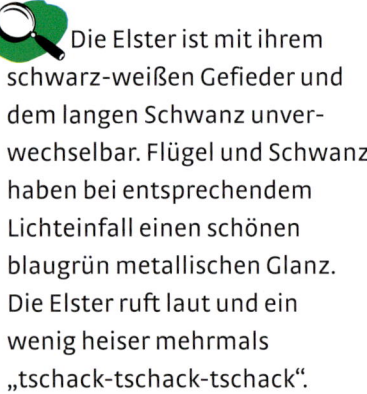

Elster beim Sonnenbad

Zum Brüten benötigt sie vor allem offene Landschaften und Dörfer
mit hohen Bäumen. Doch seit es zwischen den Feldern immer weniger
Bäume und Hecken gibt, ist sie nach
und nach in die Städte gewandert.
Hier gibt es in Mülleimern und auf
Komposthaufen reichlich zu fressen.

# Der Weißklee

blüht von Mai bis Oktober und wird 5 bis 20 cm hoch.

Blütenstand

Den Weißklee hast du bestimmt schon einmal gesehen. Er hat ein bis zwei kugelige Blütenstände, die aus vielen einzelnen Blüten bestehen. Die nach unten weisenden Blütchen werden schon früh braun. Für Bienen und Hummeln sind die Kleeblüten wichtige „Nektar-Tankstellen".

Vor allem auf Wiesenflächen, die nur ab und zu gemäht werden, wächst der Weißklee in großen Mengen. Wenn du ein Kaninchen zu Hause hast, weißt du, wie gerne die Tiere den Klee mögen.

## Mach mit!

Wer schaut am besten hin? Die Blätter des Weißklees bestehen aus drei einzelnen grünen Blättchen. Manchmal gibt es aber auch Kleepflanzen, die vier einzelne Blättchen haben. Doch du musst schon sehr genau hinschauen, um ein vierblättriges Kleeblatt zu entdecken. Das gilt als Glücksbringer!

# Die Zaunwinde

blüht von Juni bis Oktober und kann 3 m hoch ranken.

Die Zaunwinde kann etwas ganz Besonderes: Mit ihren beweglichen Trieben „windet" sie sich um Zäune und Stängel von Sträuchern immer in Richtung Licht. Die bis zu 5 cm großen Blüten sehen aus wie „Elfenhütchen".

*Die Triebspitzen winden sich links herum.*

Du kannst sie an Zäunen zwischen Gärten, aber auch in Hecken und Gebüschen finden. Manchmal breitet sie sich sehr schnell aus. Da sie andere Pflanzen überwuchert, gefällt das vielen Gärtnern gar nicht.

Die Blüte sieht aus wie ein Elfenhütchen.

## Mach mit!

Suche einmal eine Zaunwinde in deiner Nähe und stecke daneben einen Stock in die Erde. In den nächsten Tagen kannst du beobachten, wie sich die Pflanze Stück für Stück um den Stab windet. Das tut sie übrigens immer gegen den Uhrzeigersinn – also links herum.

# Die Weiße Taubnessel

blüht von April bis Oktober
und wird 20 bis 50 cm hoch.

🔍 Ihre Blätter sehen denen der Brennnessel zum Verwechseln ähnlich. Aber sie sind „taub", das bedeutet sie „brennen" nicht! Die Blüte sieht ein bisschen aus wie ein Tiergesicht: Sie hat ein geöffnetes Maul mit einer Ober- und einer Unterlippe.

🗺 Taubnesseln begegnen dir überall an Weg- und Straßenrändern. Besonders häufig wachsen sie dort, wo früher einmal Schutt abgelagert wurde.

*Blüte mit Ober- und Unterlippe*

*Zwei Blätter stehen einander gegenüber.*

*Der Stängel hat vier Kanten.*

## Mach mit!

Die Hummel holt den Nektar mit ihrem langen Rüssel tief aus der Blütenröhre. Probiere selbst einmal aus, ob du auch Nektar in der Blüte finden kannst. Zupfe vorsichtig eine Blüte heraus. Dann sauge hinten an der Blütenröhre. Na, schmeckst du etwas Süßes?

*Eine Hummel holt den Nektar aus der Blütenröhre.*

51

# Das Gänseblümchen

kann das ganze Jahr über blühen und wird bis zu 15 cm hoch.

Wusstest du, dass die Blüte aus vielen winzig kleinen einzelnen Blütchen besteht? Die kleinen gelben Blüten sitzen dicht gedrängt im sogenannten Körbchen. Die weißen Blütenblätter außen herum nennt man Zungenblüten.

*weiße Zungenblüten*

Am häufigsten wächst das Gänseblümchen auf Wiesen, die nicht allzu oft gemäht werden. Dort kann es so dicht wachsen, dass Gräser dazwischen kaum noch Platz haben. Oft öffnen sich die Blütenkörbchen sogar im Winter.

*Blütenkörbchen*

## Mach mit!

Aus den zahlreich vorkommenden Gänseblümchen kannst du eine hübsche Blumenkette oder einen Kranz basteln. Mache in der Mitte eines jeden Stiels einen kleinen Schlitz und ziehe jeweils einen anderen Stiel hindurch. So kannst du eine schöne Kette anfertigen, um dich selbst oder den Tisch damit zu schmücken.

# Das Schneeglöckchen

giftig

**blüht von Februar bis April und wird 5 bis 20 cm hoch.**

Als erste Blumen überhaupt läuten die Schneeglöckchen mit ihren zarten, nickenden Blütenglöckchen den Vorfrühling ein. Oft liegt dann noch ringsum Schnee. Kein Wunder, dass jeder diese Blume kennt, der Schnee und Eis nichts ausmacht.

Das Schneeglöckchen wächst in den meisten Gärten. Manchmal kommt es auch verwildert oder von Natur aus wild wachsend vor. In manchen feuchten Laubwäldern und hausnahen Obstwiesen stehen viele tausend Schneeglöckchen dicht beisammen.

## Finger weg!

Beim Schneeglöckchen sind vor allem die Zwiebeln giftig. Sie bilden sich schon im Vorjahr. Ebenso wie den Blättern und Blüten macht ihnen Frost gar nichts aus. Die Zwiebeln sind eine ideale Vorratskammer, in die das Pflänzchen Stoffe fürs Wachstum und zur Blüte einlagert.

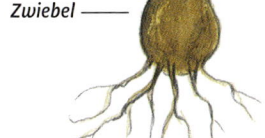

*Zwiebel*

## Finger weg!

Das Schöllkraut zählt zu unseren einheimischen Giftpflanzen. Wenn du diese Pflanze siehst, solltest du sie daher stehen lassen. Für Ameisen hingegen sind die Samen des Schöllkrauts ein wahrer Leckerbissen. Wenn die Tiere auf ihrem Weg einen Samen in einen Mauerspalt oder eine Ritze fallen lassen, kann dort eine neue Pflanze wachsen.

# Das Schöllkraut

blüht von April bis Oktober und wird 30 bis 90 cm hoch.

giftig

*vier gelbe Blütenblätter*

Zur Blüte des Schöllkrauts gehören vier gelbe Blütenblätter. Wenn du einen Stängel abbrichst, kommt ein orangegelber Milchsaft aus dem Stängelende. Manche Leute meinen, man könnte damit Warzen wegätzen.

Die Pflanze wächst auf Schutt, an Hecken, an Wald- und Wegrändern. Oft findest du das Schöllkraut auch in Mauerspalten und Ritzen.

*Vorsicht: giftiger, orangegelber Milchsaft*

# Die Nachtkerze

**blüht von Juni bis September
und wird 50 cm bis 1,50 m hoch.**

Die Pflanze trägt zahlreiche 5 bis
6 cm große Blüten. Sie stehen dicht gedrängt unter- und nebeneinander am Stängel. Zuerst öffnen sich die unteren, und dann
nach und nach die oberen Blüten. Um sie
wirklich geöffnet zu sehen, musst du
warten, bis es dunkel wird. Denn die
Nachtkerze öffnet ihre Blüten nur in
der Dämmerung. So finden auch
nachtaktive Insekten Nektar.

Die Nachtkerze begegnet dir am
häufigsten auf Schotter, auf Bahndämmen
und alten Fabrikgeländen. Häufig wächst sie
auch auf Schuttplätzen und sandigen Böden.

*Eine Blüte
öffnet sich
knisternd
in wenigen
Minuten.*

## Mach mit!

Beobachte einmal die Entfaltung einer Blüte: Mit einer Stoppuhr kannst
du überprüfen, wie lange es dauert,
bis sich die Blüte vollständig geöffnet hat. Übrigens hält jede Blüte nur
zwei Nächte lang, dann verwelkt sie.

# Der Rainfarn

blüht von Juli bis September und wird 40 cm bis 1,50 m hoch.

Wie beim Gänseblümchen und bei der Kamille sitzen auch beim Rainfarn die winzigen Blütchen dicht gedrängt im Blütenkörbchen. Das einzelne Körbchen sieht aus wie ein gelber Knopf. Die grünen Blätter erinnern an Farnwedel. So kam der Rainfarn zu seinem Namen.

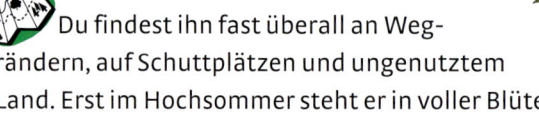

*ein Blüten- körbchen*

Du findest ihn fast überall an Wegrändern, auf Schuttplätzen und ungenutztem Land. Erst im Hochsommer steht er in voller Blüte.

*Die Blätter erinnern an Farnwedel.*

## Mach mit!

Wenn du einen Hund hast, kannst du ihm etwas Gutes tun: Schneide einige Stängel mit Blüten und Blättern ab. Lege sie eine Zeit lang in die Hundehütte oder in das Körbchen. Der Rainfarn hat einen starken, für diese Pflanze typischen Geruch. Er gilt als gutes Mittel gegen Ungeziefer, das sonst deinen Hund plagt.

# Die Klette

blüht von Juli bis September und wird 50 cm bis 1,50 m hoch.

Die runden Blütenköpfe der großen Pflanze
tragen oben einen Kranz violetter Blüten,
die etwas an eine Königskrone erinnern.
Das kugelige Köpfchen darunter ist mit
Hüllblättchen bedeckt, die an ihren
Spitzen kräftige Haken haben. Dadurch
bleiben die Blütenköpfe und damit die
Samen im Fell von Tieren hängen.

*Blüten-
köpfe mit
violetten
Blüten*

Die Klette ist an Wegrändern
und auf Schuttplätzen keine Seltenheit.

*Mit Häkchen
bleiben die Blüten-
köpfe im Fell
hängen. Die Tiere
– wie hier der Fuchs –
sorgen so für die
Verbreitung.*

## Mach mit!

Die kugeligen Köpfe der Klette eignen sich zum Spielen. Aber bitte nicht in die
Haare werfen, denn es ist sehr schmerzhaft, sie wieder zu entfernen. Wenn ihr
euch aber alte Decken umhängt, könnt ihr euch mit den Kletten bewerfen und
später zählen, wer die meisten Treffer hat. Außerdem könnt ihr auf einer Decke
schöne Muster legen und diesen Schmuck an die Wand hängen.

## Mach mit!

Schon mit bloßem Auge kannst du auf den Blättern feine Härchen sehen. Das sind die sogenannten Brennhaare. Mit einer Lupe kannst du sogar genau beobachten, was passiert, wenn du mit einem Stift an die Härchen stößt. Die winzigen Köpfchen brechen ab und aus den starren Haaren tritt der Brennsaft aus.

# Die Brennnessel

blüht von Juni bis Oktober
und wird 30 cm bis 1,50 m hoch.

Diese Pflanze kennst du bestimmt! Fast jeder hat schon einmal eine unangenehme Erfahrung mit ihren „brennenden" Blättern gemacht. Doch wusstest du, dass diese Pflanze die wichtigste Futterpflanze für die Raupen des Tagpfauenauges ist? Ohne Brennnesseln gäbe es diesen wunderschönen Schmetterling nicht.

Die Brennnessel wächst an Wald- und Wegrändern, aber sie breitet sich auch in der Stadt, auf Schuttplätzen und altem Ackerland immer weiter aus.

*So sieht ein Brennhaar vergrößert aus.*

*viele winzige, unscheinbare Blüten*

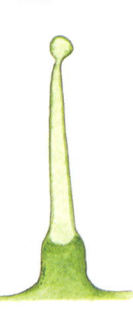

*Wenn du gegen ein Blatt stößt, bricht das winzige Köpfchen des Brennhaares ab (links) und der brennende Saft läuft heraus (rechts).*

*Es stehen sich immer zwei Blätter gegenüber.*

# Der Breit-Wegerich

blüht von Juni bis Oktober
und wird 10 bis 30 cm hoch.

*Blütenstand mit vielen winzigen, unscheinbaren Blüten*

Die Blüten des Breit-Wegerichs sind sehr klein und unscheinbar. Sie sitzen an der Spitze eines Stängels, der keine Blätter hat. Die Blätter liegen dicht über dem Boden. Eine Besonderheit des Breit-Wegerichs sind seine bei feuchtem Wetter klebrigen Samen.

*Blätter mit auffälligen Adern*

Du kannst den Breit-Wegerich nahezu überall finden. Er besiedelt Wege und Wiesen, Schotterflächen und sogar Sportplätze.

## Schon gewusst?

Die Samen bleiben oft auch an Schuhsohlen kleben und werden so weit verbreitet. Die Indianer nannten den Breit-Wegerich deshalb auch den „Fußtritt des weißen Mannes". Bevor die Europäer nach Amerika kamen, gab es dort nämlich keinen Breit-Wegerich. Sie haben ihn mit ihren schmutzigen Schuhen unbemerkt mitgebracht.

59

# Die Kornelkirsche

**blüht im Februar/April und wird bis zu 8 m groß.**

Der Strauch oder kleine Baum ist mit seinen gelben Blüten einer unserer ersten Frühlingsboten. Die eiförmigen Blätter erscheinen erst nach der Blüte. Auf dem Blatt erkennst du sechs bis zehn gebogene Blattadern. Ab August sind die süßsäuerlichen roten Früchte reif. Sie haben im Verhältnis zum Fruchtfleisch einen großen Kern, was die Verarbeitung zu Marmelade sehr mühsam macht.

## Schon gewusst?

Das Holz der Kornelkirsche ist besonders hart, schwer und zäh. Das wussten auch schon die alten Griechen und Römer, denn aus diesem Holz ließen sich die besten Speere und Lanzen herstellen. Auch der Bogen des Odysseus soll aus dem Holz der Kornelkirsche gefertigt sein.

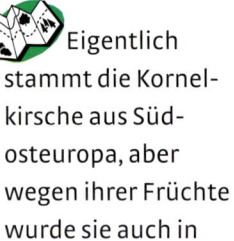

Eigentlich stammt die Kornelkirsche aus Südosteuropa, aber wegen ihrer Früchte wurde sie auch in Deutschland angepflanzt. Hier steht sie gerne an warmen Standorten. Du findest sie an Waldrändern, Hecken und trockenen Hanglagen. In Gärten und Parks wird sie häufig gepflanzt.

# Das Pfaffenhütchen *stark giftig*

**blüht im Mai/Juni und wird 2 bis 6 m groß.**

Dieser eher kleine Strauch oder Baum hat längliche Blätter, die am Rand sehr fein gesägt sind. Die weißlichen Blüten haben vier Blütenblätter, die wie ein Kreuz angeordnet sind.

*Kreuzförmige Blüten*

## Finger weg!

Vorsicht! Alle Pflanzenteile sind für Menschen sehr giftig. Vögel können die Samen im Winter dagegen unbeschadet fressen.

Im Herbst fallen besonders die roten Fruchtkapseln mit dem orangenen Samen auf. Seinen Namen verdankt das Pfaffenhütchen der Form der Früchte, die an die Kopfbedeckung katholischer Pfarrer erinnern.

## Schon gewusst?

Das Pfaffenhütchen wird auch Spindelstrauch genannt. Denn früher wurde die Spindel beim Garnspinnen oder auch die Stricknadeln aus diesem Holz gemacht.

In Hecken, Gebüschen und vor allem in Auwäldern kommt das Pfaffenhütchen oft vor. Wegen seiner schönen Früchte wird es auch in Gärten und Parks gerne angepflanzt.

# Die Winter-Linde

blüht im Juni/Juli und wird 25 bis 30 m groß.

## Schau genau hin!

Im Sommer ist die Linde bei Autofahrern weniger beliebt. Parkt man unter einem Lindenbaum, kann es passieren, dass am nächsten Morgen das Auto von einer klebrigen Flüssigkeit überzogen ist. Dann sitzt der Baum voller Blattläuse, die die Linde mit ihrem Saugrüssel anbohren und einen Teil des Baumsaftes in Form von klebrigem Honigtau wieder abgeben.

Die stattliche Winter-Linde kann über 1000 Jahre alt werden. Ihre Blätter sind herzförmig mit einer kleinen Spitze. Auf der Blattunterseite findest du in den Achseln der Blattadern bräunliche Haare.

Bräunliche Haare

An dem unauffälligen Blütenstand hängt ein hellgrünes Tragblatt, das später braun wird. Im Herbst dient es als Flugorgan, um die kleinen kugeligen Früchte möglichst weit fliegen zu lassen.

Die Winter-Linde steht verstreut in unseren heimischen Laubwäldern. Du findest sie aber auch in den meisten Parks oder als Straßenbaum.

Früchte ohne Rippen

# Die Sommer-Linde

blüht im Juni und wird bis zu 40 m groß.

🔍 Im Gegensatz zur Winter-Linde sind die Achselhaare auf der Blattunterseite weißlich.

*Weißliche Haare*

Außerdem sind die herzförmigen Blätter etwas größer. Der Blütenstand ist ähnlich der Winter-Linde, hat aber meist weniger Einzelblüten. Außerdem blüht die Sommer-Linde etwa zwei Wochen vor der Winter-Linde.

*Früchte mit Rippen*

Die Sommer-Linde ist ein Schattenbaum, der zerstreut in unseren Laubwäldern steht. Wegen seiner imposanten Gestalt wird er auch gerne in Parks und als Straßenbaum gepflanzt.

## Schon gewusst?

Bei unseren Vorfahren, den Germanen, hatten Linden eine besondere Bedeutung, es waren heilige Bäume, die der Göttin Frigga geweiht waren. In jedem Dorf stand meist zentral eine Dorflinde. Dort fanden Feste und Versammlungen statt und es war auch der Gerichtsort. Noch heute gibt es in einigen Dörfern große alte Gerichtslinden (siehe Foto).

## Stadt und Dorf

# Die Echte Mehlbeere

blüht im Mai/Juni und wird
5 bis 12 m groß.

## Schon gewusst?

Ihren Namen verdankt die Mehlbeere ihren mehligen Früchten. In Notzeiten wurden sie getrocknet, zu Mehl gemahlen und unter den Brotteig gemischt. Heute freuen sich die Vögel darüber. Meist bleiben die roten Früchte aber bis in den Spätwinter hängen und werden erst dann gefressen.

Die Echte Mehlbeere ist ein kleiner, unauffälliger Baum oder Strauch. Die Unterseite der großen eiförmigen Blätter sind silbrig weich behaart. Aus den dicht beieinanderstehenden weißen Blüten entwickeln sich rote Früchte mit zwei Kernen. Erst nach Frost oder starkem Erhitzen können die faden, mehligen Früchte ohne Bauchschmerzen gegessen werden.

*Grob gezahnt*

*Blattunterseite weiß behaart*

Die Echte Mehlbeere mag es gerne sonnig und warm. Sie steht an Waldrändern oder im lichten Wald. Aber auch in Parks und Gärten wird die Mehlbeere gerne gepflanzt.

# Die Haselnuss

blüht im Februar/April und wird
2 bis 8 m groß.

 Die Haselnuss ist ein typischer Strauch mit mehreren Stämmen. Die Blätter sind rundlich, eiförmig und etwas behaart. Auf der Blattunterseite treten die Blattadern deutlich hervor. Der Blattrand ist fein gesägt mit mehreren größeren Zähnen. Schon früh im Jahr blüht die Hasel, lange vor dem Blattaustrieb. Im August/September wird die beliebte Haselnuss reif. Der Kern ist von einer sehr harten, hölzernen Hülle umgeben.

## Schau genau hin!

Trotz der harten Schale schafft es ein kleiner Rüsselkäfer, in die Nuss einzudringen: der Haselnussbohrer. Er nagt ein Loch in die noch junge Nuss und legt ein Ei hinein. Hat die Larve den Kern gefressen, nagt sie sich aus der Nuss und fällt zu Boden, wo sie sich zum Käfer entwickelt. Vielleicht kannst du ja einen dieser niedlichen kleinen Käfer entdecken. Bei den alten Germanen war die Haselnuss dem Wetter- und Donnergott Thor geweiht und durfte nicht abgeschlagen werden.

In Laubwäldern, an Waldrändern, in Gebüschen, Hecken und Bachufern ist die Haselnuss weit verbreitet. Wegen ihrer leckeren Nüsse ist sie aber auch oft in Gärten und Parks zu finden.

# Die Esskastanie

blüht im Juni/Juli und wird 30 m groß.

Die länglichen und bis zu 30 cm langen scharf gesägten Blätter fallen sofort auf. Die Blätter sind ledrig und stark glänzend. Die hellgelben Blütenkätzchen sind mit 15 cm sehr lang. Im September/Oktober werden die Früchte reif. Die essbaren Kastanien bzw. Maronen sind von einer stacheligen Hülle umschlossen.

*Männliche Blüten*

*Stachelige Fruchthülle*

*Frucht*

## Schon gewusst?

Die leckere Esskastanie ist wahrscheinlich von den Römern nach Mitteleuropa gebracht worden, da sie damals ein wichtiges Nahrungsmittel war. Damit ist sie aber nicht die einzige Pflanze die von den Römern eingeführt wurde. Auch Wein, Walnüsse, Pflaumen, Pfirsiche, Quitten und die Äpfel und Birnen, wie wir sie heute kennen, stammen von den Römern.

Da die Esskastanie aus dem Mittelmeerraum stammt, wächst sie bei uns vor allem in den wärmeren Gebieten. Sie wird auch gerne in Parks und Gärten angepflanzt.

# Die Ahornblättrige Platane

**blüht im Mai und wird bis zu 35 m groß.**

Die Ahornblättrige Platane ist ein großer, mächtiger Baum. Die handförmig gelappten Blätter sind dem Spitz-Ahorn ähnlich, haben aber längere Blattstiele. Die Blattadern sind auf der Blattunterseite behaart. Die Früchte hängen bis in den Winter als kugelige Troddeln am Baum. Auffällig ist auch die grau und grün gescheckte Rinde, die sich als dünne Rindenplatten leicht ablösen lassen.

## Schon gewusst?

Die Blüten sind getrennt-geschlechtlich, das heißt, die männlichen und weiblichen Blüten sind nicht in einer Blüte vereint. Die männlichen Blütenstände sind klein, grün und kugelig, die weiblichen größer, rötlich und kugelig. Bei anderen Baumarten gibt es sogar männliche und weibliche Bäume, zum Beispiel bei der Eibe.

*Rinde*

Da die Bäume schnell wachsen, sehr robust sind und ihnen Luftverschmutzungen und starker Rückschnitt wenig ausmachen, werden die Bäume gerne in Stadtparks oder an Straßen als Alleen gepflanzt. In Wäldern findest du die Platane nicht.

*Fruchtstand*

67

# Die Silber-Pappel

blüht im März/April und wird 15 bis 30 m groß.

Die Unterseite der Blätter ist dicht weißfilzig behaart, sodass der ganze Baum von Weitem silbrig leuchtet. Das Blatt hat drei bis fünf Lappen, und der Blattrand ist grob gesägt. Bei der Silber-Pappel gibt es männliche und weibliche Bäume. Die Blütenkätzchen erscheinen vor dem Blattaustrieb. Die kleinen Samen hängen an einem weißlichen Haarschopf, der Ende Mai und Anfang Juni wie Watte durch die Gegend fliegt.

*Unterseite weiß behaart* —

## Schon gewusst?

Das Holz der Pappeln ist sehr leicht, weich und rissig und deshalb nicht sehr begehrt. Meist werden Papier, Zündhölzer, Holzwolle, Spanplatten oder Zahnstocher daraus gemacht. Auch die Holzclogs in Holland sind aus dem weichen Pappelholz geschnitzt.

Die Silber-Pappel wächst vor allem in Flussauen, die nicht regelmäßig überschwemmt werden. Aber auch in Parks wird sie wegen der schönen silbrigen Blätter gerne gepflanzt.

Der Ginkgobaum ist ein lebendes Fossil, den es schon vor 180 Millionen Jahren gab, als noch die Dinosaurier die Erde beherrschten. Obwohl der Ginkgo Blätter hat wie ein Laubbaum, gehört er zur Gruppe der Nadelbäume. Denn vor 180 Millionen Jahren gab es noch keine Laubbäume. Der Ginkgo ist der einzige Nadelbaum, der flächige Nadelblätter hat.

# Der Ginkgo

blüht im März/April und wird bis zu 35 m groß.

Wie ein kleiner grüner Fächer hängt das Ginkgoblatt an einem langem Stiel. Auffällig sind die parallelen, gabelig verzweigten Blattnerven. Der Blattrand sieht etwas ausgefranst aus. Beim Ginkgo gibt es männliche und weibliche Bäume. Meist werden aber nur männliche Bäume gepflanzt, da die weiblichen runden, gelb-grünen Früchte unangenehm stinken.

Ursprünglich kommt der Ginkgobaum aus einem kleinen Gebiet in Ostchina. In Deutschland findest du ihn in Parks und Gärten. Da er so widerstandsfähig gegen Umweltgifte ist, wird er auch gerne als Straßenbaum gepflanzt.

# Die Echte Walnuss

*Grüne Samenschale*

*Walnuss*

blüht im Mai und wird bis zu 25 m groß.

Die Blätter sehen denen der Esche ein bisschen ähnlich. Es gibt aber nur fünf bis neun Fiederblättchen, diese sind glänzend und haben einen glatten Rand. Die männlichen und weiblichen Blütenstände treiben mit den Blättern oft erst im Mai aus. Die Walnüsse hängen als grüne, runde Früchte am Baum. Ab September platzt die Samenschale auf und die typische Walnuss erscheint.

Dank der Römer kommt die Walnuss auch bei uns vor. Meist wird sie in Parks und Gärten angepflanzt. Besonders in Weinanbaugebieten wächst sie auch an Waldrändern oder Auwäldern.

## Schau genau hin!

Achte einmal darauf, ob unter Walnussbäumen eher viele andere Pflanzen stehen oder eher wenige. In den Blättern der Walnuss befindet sich nämlich ein Gift, das nach dem Blattfall freigesetzt wird und das Wachstum anderer Pflanzen beeinträchtigt. Ein Walnussbaum im Garten hat neben den leckeren Nüssen noch den Vorteil, dass die duftenden Blätter die Fliegen und Mücken fernhalten.

# Die Robinie

*leicht giftig*

blüht im Mai bis Juni und wird bis zu 25 m groß.

Die Blätter der Robinie haben bis zu 23 Fiederblättchen. Diese sind länglich eiförmig und haben einen glatten Rand. An der Basis der Blätter befinden sich zwei lange spitze Dornen. Die Blüten hängen wie weiße Trauben am Baum und duften sehr stark. Bienen finden hier reichlich Nektar und stellen daraus den leckeren Akazienhonig her.

Dornen

Fruchtschote, ca. 10 cm lang

## Schau genau hin!

Die Rinde der Robinie ist sehr rissig und tief gefurcht. Wenn du dir die Rinde genau anschaust, oder die von anderen Bäumen mit sehr grober Rinde, dann entdeckst du wahrscheinlich in den Ritzen kleine Samenkörner, Bucheckern oder aufgehackte Nüsse. Hier haben sich Kleiber, Meisen und Spechte ein paar Vorräte angelegt oder sie so festgeklemmt, dass sie sie gut aufhacken können.

Die Robinie stammt aus Nordamerika und wurde schon vor ca. 400 Jahren nach Europa eingeführt. Sie wurde in Parks, Gärten und als robuster Straßenbaum angepflanzt. Von hier hat sie sich stark ausgebreitet, sodass du sie jetzt an Waldrändern, Schuttplätzen und trockenen Hangwäldern leicht findest.

## Schon gewusst?

Die roten Vogelbeeren sind roh etwas bitter und werden in größeren Mengen nicht gut vertragen (leicht giftig). Nach dem ersten Frost oder nach dem Kochen schmecken sie aber leicht süßlich und es lässt sich sogar Marmelade daraus

machen. Vor allem Drosseln lieben im Winter die vitaminreichen Beeren. Früher hat man mit den Vogelbeeren die Drosseln angelockt, um sie zu fangen. Auf dem Foto siehst du einen Neuntöter auf der Vogelbeere.

# Die Vogel-beere

wird auch Eberesche genannt, blüht im Juni bis Juli und wird bis zu 20 m groß.

*Weiße Blütendolde*

Der kleine bis mittelgroße Baum hat ca. 15 bis 20 cm lange Blätter. Die 9 bis 17 Fiederblättchen sind länglich und haben einen scharf gesägten Rand. Im Frühjahr riechen die zerriebenen frischen Blätter nach Marzipan.

 Die Vogelbeere ist ein robuster, schnell wachsender Baum. In lichten Wäldern, auf Kahlschlägen, in Gebüschen und an Wald- und Wegrändern kommt sie häufig vor. Wegen ihrer schönen Blüten und Früchte wird sie auch gerne in Parks, Gärten und als Straßenbaum gepflanzt.

# Die Gemeine Rosskastanie ☠ *giftig*

**blüht im April bis Mai und wird bis zu 25 m groß.**

Die Blätter der Rosskastanie sind unverkennbar. Ihre fünf bis sieben Fiederblätter sehen aus wie eine Hand. Auch die schönen Blütenstände sind sehr auffällig. Wie Kerzen stehen die weißen, pyramidenförmigen Blütenrispen am Baum. Ab September findest du die runden, stacheligen Früchte unter dem Baum, die ein bis drei braune Kastanien enthalten.

Die Rosskastanie stammt aus den Wäldern auf dem Balkan. Seit dem 16. Jahrhundert wird sie auch in Mitteleuropa angepflanzt. Du findest sie vor allem in Parks und als Straßenbaum. Von dort hat sie sich aber auch schon in angrenzende Wälder ausgebreitet.

## Mach mit!

Essen kann man die nahrhaften Kastanien nicht, da sie ein leichtes Gift enthalten. Wildschweine oder Rehe vertragen sie viel besser. Aber zum Basteln sind sie ideal. Mit noch ein paar anderen Früchten oder Blättern, einem kleinen Bohrer, einer Packung Zahnstocher und etwas Kleber lassen sich viele lustige Kastanienmännchen basteln.

## Schon gewusst?

Heutzutage sind die beliebtesten Weihnachtsbäume Nordmanns-Tannen. Die Bäume haben den Vorteil, dass die Nadeln an den vertrocknenden Zweigen nicht gleich braun werden und abfallen, sondern noch eine Weile hübsch grün haften bleiben. Außerdem sind sie schön weich und piksen nicht.

# Die Nord-manns-Tanne

blüht im April bis Mai und wird bis zu 30 m groß.

*Zum Transport wird die Tanne eingenetzt.*

Die Nadeln der Nordmanns-Tanne sind den Nadeln der Weiß-Tanne sehr ähnlich, stehen aber viel dichter und rings um den Zweig herum. Außerdem riechen sie beim Zerreiben leicht fruchtig. Die Blüten und aufrecht stehenden Zapfen befinden sich im Kronenbereich.

Die Nordmanns-Tanne wurde erst 1836 im Kaukasus entdeckt. Dort kann sie bis zu 60 m hoch werden. In Deutschland wird die Nordmanns-Tanne meist als Parkbaum oder Weihnachtsbaum angepflanzt.

74

# Die Europäische Lärche

**blüht von März bis April und wird bis zu 40 m groß.**

Als einziger europäischer Nadelbaum wirft die Lärche ihre Nadeln im Herbst ab. Die hellgrünen, weichen Nadeln wachsen in kleinen Büscheln am Zweig. Die rötlichen, weiblichen Blütenstände stehen nach oben, ebenso die kleinen Zapfen. Die Zapfen fallen erst nach mehreren Jahren mit den Zweigen vom Baum ab.

Eigentlich ist die Lärche eine Hochgebirgsart, die dort prima mit den eisigen Temperaturen und der Hitze klarkommt. Wegen ihrer schönen Herbstfärbung und dem widerstandfähigen Holz ist sie aber in vielen Wäldern, Parks und Gärten angepflanzt worden.

## Schon gewusst?

Das Holz der Lärche ist sehr wertvoll. Da es gegen Nässe, Pilz- und Schimmelbefall recht unempfindlich ist, wird es gerne für Erd- und Wasserarbeiten genutzt. Die meisten unbehandelten Holzverkleidungen, Dachschindeln oder Holzterrassen an Häusern sind aus Lärchenholz gemacht. Mit der Zeit bekommt es einen leicht grauen Überzug.

# Stadt und Dorf

## Schon gewusst?

Früher gab es viele Eibenwälder, aber das harte und elastische Holz war im Mittelalter sehr begehrt. Aus dem Holz wurden vor allem Waffen gemacht, wie Speere, Bögen und Armbrüste. So wurden die Eibenbestände sehr stark reduziert.

# Die Eibe

blüht von Februar bis April und wird bis zu 20 m groß.

Die Nadeln der Eibe sind ledrig weich und stechen nicht. Auf der Blattoberseite ist sie dunkelgrün, die Unterseite hat zwei breite helle Streifen. Es gibt männliche und weibliche Bäume, die weiblichen Bäume erkennst du im Herbst leicht an den leuchtend roten Früchten.

Der Kern ist von einem roten Samenmantel umgeben. Vorsicht: Alle Teile der Eibe sind sehr giftig! Lediglich der rote Samenmantel ist ungiftig und wird von Vögeln gerne gefressen.

Die Eibe ist zwar in Europa weit verbreitet, aber in den Wäldern nur selten zu finden. Häufiger findest du sie in Gärten und Parks, wo sie auch gerne als Hecke gepflanzt wird. Eiben können sehr alt werden. Die älteste deutsche Eibe wird auf ca. 2 000 Jahre geschätzt.

# Der Abendländische  giftig
# Lebensbaum

wird auch Thuja genannt, blüht im
April bis Mai und wird bis zu 20 m groß.

### Schon gewusst?

Die stumpfen Blätter sind flach
und schuppenförmig. Im Gegensatz
zur mattgrünen Blattoberseite ist die
Unterseite deutlich heller. Zerreibst
du die Schuppenblätter zwischen
deinen Fingern, riechen sie leicht
nach Apfel und Nelke. Die männlichen und weiblichen Blüten sind
sehr unauffällig. Im Herbst reifen
die vielen kleinen schuppen-
förmigen Zapfen.

Die Thuja ist zu einer beliebten
Heckenpflanze geworden, da sie
sich gut beschneiden lässt. Lei-
der ist die Thuja für die heimische
Tierwelt sehr unattraktiv. Alle
Pflanzenteile sind giftig. So fin-
dest du nur sehr wenig Tiere, die
in der Nähe einer Thuja leben.
Für einen naturnahen Garten
sind heimische Sträucher und
Bäume viel besser, zum Beispiel
Eibe, Schlehe, Kornelkirsche oder
Hainbuche. Hier finden viele
Tiere was zu fressen und lassen
sich gut beobachten.

Der Abendländische Lebens-
baum stammt aus Nordamerika und
wurde schon im 16. Jahrhundert nach
Europa gebracht. Hier wird er viel in
Parks, Gärten und auf Friedhöfen angepflanzt.

# Lebensraum Wiese und Feld

**Der Gemeine Grashüpfer**
Seite 82

**Das Grüne Heupferd**
Seite 83

**Der Große Kohlweißling**
Seite 84

**Das Wildkaninchen**
Seite 88

**Der Feldhase**
Seite 89

**Die Feldlerche**
Seite 90

**Der Mäusebussard**
Seite 94

**Der Kiebitz**
Seite 95

**Die Rabenkrähe**
Seite 96

**Die Margerite**
Seite 100

**Der Hahnenfuß**
Seite 101

**Das Echte Johanniskraut**
Seite 102

Der Hauhechel-Bläuling
Seite 85

Die Feldmaus
Seite 86

Der Maulwurf
Seite 87

Die Goldammer
Seite 91

Der Turmfalke
Seite 92

Der Weißstorch
Seite 93

Die Wilde Möhre
Seite 97

Die Echte Kamille
Seite 98

Die Schafgarbe
Seite 99

Der Löwenzahn
Seite 103

Die Sonnenblume
Seite 104

Der Raps
Seite 105

# Lebensraum Wiese und Feld

Bestimmen mit dem Kosmos-Farbcode

Die Kuckuckslichtnelke
Seite 106

Der Klatschmohn
Seite 107

Die Herbstzeitlose
Seite 108

Der Gamander-Ehrenpreis
Seite 112

Der Wiesensalbei
Seite 113

Der Frauenmantel
Seite 114

Der Apfelbaum
Seite 118

Die Sal-Weide
Seite 119

Die Feld-Ulme
Seite 120

Die Zitter-Pappel
Seite 124

Der Schwarze Holunder
Seite 125

Die Wiesen-Glockenblume
Seite 109

Die Wegwarte
Seite 110

Die Kornblume
Seite 111

Der Schwarzdorn
Seite 115

Der Birnbaum
Seite 116

Der Zwetschgenbaum
Seite 117

Die Hänge-Birke
Seite 121

Der Feld-Ahorn
Seite 122

Der Eingriffelige Weißdorn
Seite 123

## Schon gewusst?

Der Gesang des Gemeinen Grashüpfers besteht aus kurzen Versen mit schnell aneinandergereihten kratzenden Tönen, die an ein „sräsräsräsrä" erinnern und etwa eine Sekunde dauern. Die Geräusche entstehen, wenn das Tier eine gezähnte Leiste auf der Innenseite des Hinterschenkels über den Vorderflügel reibt.

# Der Gemeine Grashüpfer

ist zwischen Juni und November zu beobachten und wird 1,3 bis 2,2 cm lang.

Der Gemeine Grashüpfer zählt zu den geflügelten Insekten. Die Hinterbeine sind zu Sprungbeinen umgestaltet, die Flügel reichen beim Männchen bis zur Mitte des Hinterleibs, beim Weibchen bis zur Hinterleibsspitze. Der Körper ist grün, braun, manchmal auch gelblich und grünlich gefärbt.

Als häufigste heimische Heuschrecke findet man den Gemeinen Grashüpfer auf feuchten Wiesen, an Wegrändern und in Mooren. Die Nahrung besteht aus verschiedenen Gräsern.

Die Eier werden vom Weibchen nach der Befruchtung im Boden abgelegt, wo sie überwintern. Im Frühjahr schlüpfen daraus Larven, die wachsen, sich häuten und sich allmählich in das ausgewachsene Insekt verwandeln.

# Das Grüne Heupferd

ist zwischen Juli und Ende Oktober zu beobachten und wird zwischen 2,8 und 4,2 cm lang.

Bis zu 5 cm lang sind die Fühler des Grünen Heupferds, daher gehört es zu den sogenannten Langfühlerschrecken. Der ganze Körper ist grün, nur am Rücken braun gefärbt. Die Legeröhre des Weibchens reicht bis zur Spitze der sehr langen Flügel.

## Schon gewusst?

Die Gesänge der tag- und nachtaktiven Art kann man im Sommer von Mittag bis nach Mitternacht hören. Sie bestehen aus einem laut schwirrenden Ton, der bis zu 50 m weit hörbar ist. Er entsteht, wenn das Tier die Vorderflügel leicht anhebt und dann gegeneinanderreibt.

Lebensraum des Grünen Heupferds sind Getreidefelder, Obstgärten, sonnige Wegränder, Trockenrasen und Gärten. Die Nahrung besteht fast ausschließlich aus Insekten wie Fliegen, Raupen und Käferlarven. Nach der Paarung legt das Weibchen die Eier in die Erde. Es dauert aber zwischen 1,5 und 5 Jahren, bis sich aus den Eiern Larven entwickeln. Diese sehen dem ausgewachsenen Heupferd schon sehr ähnlich, haben aber kürzere Flügel.

*Mit der Legeröhre kann das grüne Heupferd seine Eier tief in den Boden legen.*

# Der Große Kohlweißling

fliegt von März bis Oktober und hat eine Flügelspannweite von bis zu 6 cm.

Die Oberseite des Falters ist weiß, die Unterseite der Hinterflügel gräulich grün. Um die Spitze des Vorderflügels zieht sich bei den Männchen ein schwarzer Rand, bei den Weibchen ist er grau. Die Vorderflügeloberseite der Weibchen hat in der Mitte zwei große schwarze Flecken, die bei den Männchen fehlen.

*Männchen*

Die bis zu 4 cm langen Raupen sind bläulich grün und tragen am Rücken und an den Seiten einen gelben Längsstreifen. Der ganze Raupenkörper ist mit schwarzen Punkten besetzt. Die Puppe ist schwarz-weiß gefleckt und hat Stacheln.

Die Raupen des Großen Kohlweißlings leben an Kohlarten, aber auch an wilden Kreuzblütengewächsen (z.B. Meereskohl, Löffelkraut, Hirtentäschel) oder an Kapuzinerkresse. Die Falter naschen besonders gern an Blutweiderich und Kohldistel.

## Schon gewusst?

Durch den großflächigen Anbau von Kohl, der Futterpflanze der Raupen, hat sich der Große Kohlweißling vielerorts stark vermehrt. Bei Massenvorkommen verursacht die Art große Schäden auf Kohlfeldern. Den Winter verbringt der „Schädling" als Puppe, aus der im Frühling (ab März) ein Falter schlüpft.

# Der Hauhechel-Bläuling

fliegt von Juni bis September und hat eine Flügelspannweite von bis zu 3,5 cm.

Weibchen

Männchen

Männchen und Weibchen des Hauhechel-Bläulings unterscheiden sich in der Färbung. Das Männchen ist oben hellblau, die Flügelränder sind schwarz und an den Rändern mit weißen Fransen besetzt. Am Hinterrand der Flügel befinden sich orangefarbene Flecken. Die Flügelunterseiten tragen ein für Bläulinge typisches Muster aus dunklen, zum Teil hell umrandeten Flecken.

## Schon gewusst?

Die Raupen des Hauhechel-Bläulings haben ihre eigenen Leibwächter! Sie besitzen spezielle Drüsen, die Honigtau absondern und damit Ameisen anlocken, die die Raupen auf den Pflanzen vor Fressfeinden bewachen. Zum Schutz vor Ameisenbissen ist die Raupenhaut sehr dick.

Die Raupen sind blassgrün mit dünnen, gelblichen Seitenstreifen. Die Puppe ist olivgrün, glatt und unauffällig.

Grasland, Wiesen und blumen- und kräuterreiche Flächen sind der Lebensraum des Hauhechel-Bläulings. Die Raupen fressen Hornklee, Kronwicke, Hauhechel und Ginster.

# Die Feldmaus 🔊

ist ganzjährig aktiv und wird (ohne Schwanz) 9 bis 12 cm lang.

Wie alle Nagetiere hat die Feldmaus kurze Beine und im Ober- und Unterkiefer jeweils zwei vergrößerte Nagezähne, die ständig nachwachsen. Der Schwanz ist mit 4 cm Länge relativ kurz. Das Fell ist auf der Oberseite dunkel-, rot-, hell- oder graubraun. Seitlich ist es heller und am Bauch meist hellbraun. Die Ohren sind klein.

*Feldmaus*

*Feld- und Hausmaus sind gut am Fell und an den Ohren zu unterscheiden.*

*Hausmaus*

Feldmäuse leben in Kolonien auf Äckern und Wiesen. Entlang von Gräben, Böschungen und Waldrändern graben die Tiere Löcher in die Erde und legen weit verzweigte Gänge dicht unter die Erdoberfläche. Die Ausgänge sind oberirdisch durch feste Wege miteinander verbunden, auf denen die Tiere schnell entlangflitzen können.

## Schon gewusst?

Die Feldmaus ist ein Pflanzenfresser und ernährt sich von Gras, Kräutern, Samen, Wurzeln und Rinde. Junge werden von Februar bis Oktober geboren. Bereits nach 11 bis 13 Tagen sind die Kleinen geschlechtsreif und können selbst wieder Junge gebären.

# Der Maulwurf

ist ganzjährig tag- und nachtaktiv und wird (ohne Schwanz) 10 bis 17 cm lang.

Der Maulwurf ist ein Insektenfresser, der an das unterirdische Leben angepasst ist. Sein Körper ist von einem grauschwarzen, samtigen Fell bedeckt. Der Schwanz wird 2 bis 4,5 cm lang und ist nur wenig behaart. Seine Vorderfüße sind zu schaufelförmigen Grabwerkzeugen umgebildet, wobei die „Handinnenflächen" nach außen gedreht sind. Mit den winzigen Augen kann der Maulwurf hell und dunkel unterscheiden, aber nicht richtig sehen.

*Schau genau hin! Solche Spuren hinterlässt ein Maulwurf.*

Der Maulwurf lebt als Einzelgänger in Äckern, Wiesen und Wäldern in seinem selbst gegrabenen, unterirdischen Gangsystem. Es wird bis zu 200 m lang und vor allem zur Jagd von Kleintieren genutzt. Die Nestkammer, in der auch die Jungen zur Welt kommen, ist mit Gras, Blättern und feinen Wurzeln weich ausgepolstert.

# Das Wildkaninchen

lässt sich ganzjährig beobachten und wird 35 bis 45 cm lang.

Das Wildkaninchen hat kürzere Ohren und Beine als der Feldhase. Sein Fell ist graubraun. Alle Formen des Hauskaninchens stammen vom Wildkaninchen ab.

## Schon gewusst?

Im Unterschied zum Feldhasen werden die Jungen des Wildkaninchens nackt und blind geboren. Im unterirdischen Bau werden sie von der Mutter gesäugt. Bei Gefahr pfeifen Kaninchen laut und klopfen mit den Hinterbeinen auf den Boden. Mit diesem Trommeln teilen sie ihren Jungen mit, dass sie im Bau bleiben sollen.

Eine Kaninchen-Kolonie kann aus bis zu 100 Tieren bestehen.

Felder und Äcker sind der Lebensraum des Wildkaninchens. In lockerem Boden wird ein unterirdischer Bau angelegt, der bis zu 3 m tief und 45 m lang sein kann und in den sich die Tiere tagsüber und bei Kälte verkriechen. In der Dämmerung kommen die Tiere aus dem Bau und suchen nach Nahrung, die aus Gräsern, Kräutern, im Winter auch aus Rinde und Zweigen besteht.

# Der Feldhase

ist ganzjährig aktiv und wird 60 bis
70 cm lang.

## Schon gewusst?

Die Häsin kann mehrmals im Jahr Junge bekommen. Paarungszeit ist von Januar bis September. Die ersten Jungen werden Ende Februar / Anfang März in einer windgeschützten Erdmulde geboren. Ein Wurf besteht aus zwei bis fünf Jungen, die ein Fell haben und nach der Geburt sofort laufen und sehen können. Drei bis fünf Wochen lang werden sie gesäugt und haben schon nach einem halben Jahr die Größe ihrer Eltern erreicht.

Mit den langen Hinterbeinen und den etwas kürzeren Vorderbeinen kann der Feldhase weite Sprünge machen. Auffallendstes Merkmal sind die langen Ohren (Löffel), die an der Spitze schwarz-weiß gefärbt sind. Sie sind sehr beweglich und können Geräusche gut orten. Das Fell ist braun bis rotbraun, der kurze Schwanz auf der Oberseite schwarz und unten weiß.

Der Feldhase lebt auf Äckern und Wiesen, die ihm Möglichkeiten zum Verstecken geben. Seine Nahrung besteht aus Pflanzen wie Gräser, Kräuter, Getreide oder Kohl. Tagsüber hält sich der Einzelgänger in einem windgeschützten Versteck auf. Meist liegt er in einer Mulde (Sasse) mit dem Kopf gegen den Wind. In der Dämmerung wagt er sich zur Nahrungssuche aus der Deckung.

# Die Feldlerche

ist von März bis September
zu beobachten und
wird 16 bis 18 cm
lang.

Ab April kannst du auf Feldern und Äckern den wunderschönen Ruf der Feldlerche („trieh" oder „trilie") hören. Vielleicht hast du ja einen Kassettenrekorder oder etwas Ähnliches und kannst mal versuchen, den Ruf der Feldlerche aufzunehmen. Was kannst du noch für Rufe hören und erkennen? Im Buch findest du noch einige andere Beispiele von Tierlauten.

Das Gefieder der Feldlerche ist auf der Oberseite erdfarben graubraun mit dunkler Zeichnung, die Brust gelblich weiß mit schwarzbraunen Streifen. Auffällig sind der lange Schwanz mit weißen Außenkanten und die kurze struppige Haube am Kopf, die sich bei Erregung aufrichtet.

Als Brutgebiet nutzt die Feldlerche offene Landschaften mit Feldern, Wiesen, Brachen und einzelnen Bäumen oder Büschen, in denen es ausreichend Nahrung (Insekten, Würmer, Schnecken, Samen, Pflanzenteile) gibt. Das Nest aus Grashalmen und Wurzeln wird am Boden, in einer Mulde zwischen Pflanzen angelegt. Leider gibt es nicht mehr so viele Feldlerchen wie früher, da Felder und Äcker intensiv bewirtschaftet und die Böden mit giftigen Unkraut- und Schädlingsbekämpfungsmitteln gesprüht werden.

# Die Goldammer

kommt ganzjährig vor und wird 16 bis 17 cm groß.

Der intensiv gelbe Kopf und die gelbe Unterseite geben der Goldammer ihren Namen. Der Bürzel ist rostrot, der Rücken braun gestreift. Über die Brust zieht sich ein braunes Band. Das Weibchen ist blasser und nicht so intensiv gelb gefärbt. Auffällig ist der klirrende Gesang, der gerne mit den Worten „Ich, ich, ich hab dich so lieeeeb" umschrieben wird.

Unsere häufigste Ammer findest du auf offenen Heiden, Wiesen- und Ackerflächen mit Büschen und Hecken. Aber auch auf großen Waldlichtungen fühlt sie sich zu Hause. Ihr Nest liegt versteckt am Boden. Im Winter bilden sich kleine Schwärme, die gerne in der Nähe von Feldscheunen und Bauernhöfen bleiben. Hier finden sie noch genügend Körner von der Getreideernte.

Bürzel

## Mach mit!

Ist dir schon einmal aufgefallen, dass viele Vögel um die Mittagszeit nicht mehr singen? Versuch mittags einmal mit Elefantenohren nach Vogelstimmen zu lauschen. Du wirst feststellen, dass sich viele Vögel ein schattiges Plätzchen suchen und Pause vom Singen machen. Bis auf die Goldammer: sie singt auch während der größten Hitze.

# Der Turmfalke

kommt ganzjährig vor und wird 31 bis 37 cm groß.

Wie ein Hubschrau-
ber kann der Turm-
falke in der Luft
stehen, indem
er kräftig mit
den Flügeln
rüttelt. Der lange Schwanz dient dabei als
Steuerruder. Daran kannst du ihn gut im Flug erken-
nen. Daher wurde er früher auch Rüttelfalke genannt. Das Männchen hat
einen grauen Kopf und einen rotbraunen Rücken mit schwarzen Tupfen.

Früher nistete der Turmfalke an Felsabbrüchen. Aber wie der Name
schon sagt, nutzt er auch Türme, Häuser, Scheunen oder verlassene Krä-
hennester als Nistplatz. Zum Jagen nach Mäusen und großen Insekten
bevorzugt er Wiesen und Ackerflächen auf dem Lande. In der Stadt
machen Turmfalken eher Jagd auf Kleinvögel.

## Schon gewusst?

Der Bruterfolg von Greifvögeln wie dem Turmfalken ist stark von seiner Beute abhängig. Ein Turmfalke braucht pro Tag ungefähr zwei Mäuse. Wenn
er viele Mäuse fängt, legt der Turmfalke auch mehr
Eier, denn er kann seine Jungen ausreichend füttern. Bei einem schlechten Mäusejahr legt er weniger Eier und es verhungern sogar einige Junge.

# Der Weißstorch

kommt von März bis September vor und wird 95 bis 110 cm groß.

Sein schwarz-weißes Gefieder mit dem roten Schnabel und den langen roten Beinen kennst du bestimmt. Im Gegensatz zum Graureiher fliegt der Weißstorch mit lang ausgestrecktem Hals. Auf dem Horst, seinem Nest, das er gerne auf Dächern baut, hörst du ihn mit dem Schnabel klappern.

## Schon gewusst?

Im September macht sich der Weißstorch auf den langen Weg bis ins südliche Afrika. Da er ein reiner Segelflieger ist, braucht er unbedingt warme Luft unter den Flügeln, also eine gute Thermik. Deshalb vermeidet er es, quer über das Mittelmeer zu fliegen, und nimmt lieber den Umweg über Spanien oder die Türkei nach Afrika. So muss er nur kurze Strecken über das offene Meer fliegen.

Der Weißstorch braucht Gewässer, Feuchtwiesen oder andere ungenutzte Wiesen in Nistnähe, auf denen er seine Nahrung findet. Vor allem Frösche, Insekten, Regenwürmer und Mäuse stehen auf seinem Speiseplan. Leider gibt es solche Wiesen immer weniger und so ist auch der Storch immer seltener bei uns geworden.

# Der Mäusebussard

kommt ganzjährig vor und wird 46 bis 58 cm groß.

Der Mäusebussard ist unser häufigster Greifvogel. Seine Oberseite ist meist einfarbig dunkelbraun, während die Unterseite sehr variabel sein kann. Es gibt Vögel mit sehr heller, aber auch welche mit sehr dunkler Unterseite. Im Flug fällt am Schwanz die schwarze Endbinde auf und am Flügel der dunkle Flügelhinterrand sowie die dunklen Flecken am Flügelbug. Wie eine Katze ruft er miauend „hi-äe".

## Schon gewusst?

Alle Greifvögel können extrem gut sehen. So auch der Bussard. Dank seiner guten Augen kann er eine kleine Maus aus 350 Meter Höhe auf der Wiese entdecken. Wir würden sie erst ab 50 Meter Entfernung erkennen. Damit sehen seine Augen etwa sechsmal so gut wie die eines Menschen. Denn seine Netzhaut im Auge hat mehr Sinneszellen als die des Menschen. Das ist wie bei einer Digitalkamera, die mehr Pixel aufzeichnet.

Sein Nest baut dieser Greifvogel in Wäldern und Waldrändern auf hohen Bäumen. Zur Mäusejagd kommt er aber auf die offenen Wiesen, Weiden und Äcker. Häufig siehst du den Bussard, wie er sich segelnd in kreisenden Flügen immer höher in den Himmel schraubt.

# Der Kiebitz

ist von März bis Juni zu beobachten und wird 28 bis 31 cm lang.

— Federholle

Der Kiebitz hat kurze, rötliche Beine und ein schwarz-weißes Gefieder. Die Oberseite ist schwarz mit einem grünlichen, metallenen Glanz, die Unterseite weiß mit einem schwarzen halbkreisförmigen Brustschild. Auffällig ist die Federholle, ein langer, dünner Schopf, der vom Kopf absteht. Die Flügel sind im Flugbild breit gerundet.

Den Winter verbringen die Kiebitze in warmen Ländern (z.B. im Mittelmeergebiet). Im März kehren sie zu uns nach Mitteleuropa zurück, um zu brüten. Auf offenen Flächen ohne Bäume mit wenig Pflanzenbewuchs wie Äckern, Weiden oder Feldern wird das Nest in einer Mulde am Boden angelegt und mit Pflanzenteilen ausgepolstert. Als Hauptnahrung dienen kleine Bodentiere wie Insekten und deren Larven.

## Mach mit!

Sobald die Kiebitze im Brutgebiet angekommen sind, besetzen sie Reviere, die von den Männchen mit Balzflügen verteidigt werden. Mit dem Fernglas kannst du die auffallenden Flugbewegungen beobachten, bei denen sie laute Rufe ausstoßen. Die Rufe des Kiebitzes kannst du leicht erkennen, denn er ruft seinen eigenen Namen – „Kie-bitz, Kie-bitz".

# Die Rabenkrähe

kommt ganzjährig vor und wird 44 bis 51 cm groß.

Ein komplett schwarzes Gefieder hat die Rabenkrähe. Selbst die Beine, die Augen und der große kräftige Schnabel sind schwarz. Ihre krächzenden „Krah-krah"-Rufe werden meist drei- bis viermal wiederholt. Im Winter bilden Rabenkrähen oft große Schwärme.

Die Rabenkrähe kommt vor allem in einer abwechslungsreichen Feld-, Wiesen- und Heckenlandschaft vor, hat aber auch die Städte und Dörfer erobert. Sie brütet gerne auf einzeln stehenden Bäumen, am Waldrand und selbst auf Strommasten. Als Allesfresser findet sie besonders in den Städten Nahrung.

*Kopf einer Saatkrähe*

## Schau genau hin!

Schau dir im Winter die Krähenschwärme einmal genau an und achte besonders auf die Schnäbel. Sicher wirst du darunter bald die Saatkrähen mit ihren grauen Schnäbeln entdecken. Sie kommen im Winter in großer Zahl aus Osteuropa. In Deutschland gibt es nur wenige Brutvögel. Die großen lautstarken Saatkrähenkolonien machen so viel Lärm, dass die Vögel früher vertrieben und gejagt wurden.

## Mach mit!

Die Wilde Möhre gehört zu den Vorfahren unserer Möhre. Die Wurzel der Wilden Möhre hat zwar eine ähnliche Form wie die dicke Speise-Möhre, sie ist aber weiß und viel kleiner. Grabe einmal vorsichtig eine Wilde Möhre mit der Wurzel aus und rieche daran. Bestimmt kommt dir der Geruch ganz bekannt vor.

# Die Wilde Möhre

blüht von Mai bis September und wird 30 bis 90 cm hoch.

Schau dir den Blütenstand einmal ganz genau an: Er besteht aus vielen winzig kleinen Blüten. Da die Stiele dieser einzelnen Blüten alle an der gleichen Stelle zusammengewachsen sind, nennt man den Blütenstand auch Dolde.

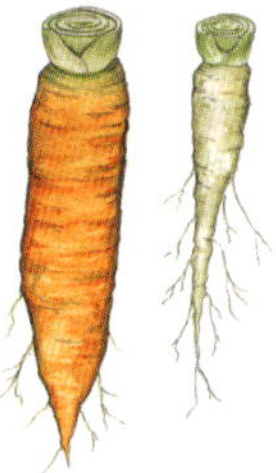

*Speise-Möhre (links) und Wilde Möhre (rechts) im Vergleich*

*Mohrenblüte*

*Dolde*

In der Mitte der Dolde befindet sich oft ein dunkelrotes Blütchen. Diese sogenannte Mohrenblüte lockt Insekten an.

Die Wilde Möhre wächst fast überall auf Wiesen und an Straßenrändern. Auf einer ungemähten Wiese findest du sie bestimmt!

*Möhrenwurzel*

97

# Die Echte Kamille

blüht von Mai bis September und wird 15 bis 50 cm hoch.

Das Blütenkörbchen der Kamille erinnert an das bekannte Gänseblümchen, aber die Pflanze ist viel größer und verzweigter. Bei der Echten Kamille sind die weißen Blüten etwas nach unten gebogen. An ihrem intensiven Duft kannst du die Art erkennen.

Am Rand mancher Getreidefelder findest du sowohl die Echte Kamille als auch ihre geruchlose „Schwester", die Falsche Kamille.

## Mach mit!

Mit einem kleinen Experiment kannst du die Echte und die Falsche Kamille absolut sicher unterscheiden: Zerschneide die Blütenköpfe der Länge nach. Das Köpfchen der Echten Kamille ist hohl, das der Falschen Kamille ist gefüllt. Mache die Geruchsprobe: Zerreibe die Köpfchen zwischen zwei Fingern. Nur die Echte Kamille duftet aromatisch und „gesund" wie Kamillentee.

*Blüten im Querschnitt: Echte Kamille mit hohlem, ...*

*... Falsche Kamille mit gefülltem Blütenköpfchen*

# Die Schafgarbe

blüht von Juni bis Oktober
und wird 15 bis 60 cm hoch.

Die großen Blütenstände bestehen aus vielen kleinen Blütenkörbchen. Jedes von ihnen enthält mehrere winzige Einzelblüten, die du nur mit einer Lupe richtig gut erkennen kannst. Die grünen Laubblätter sind stark zerschlitzt.

Du findest die Schafgarbe recht häufig auf trockenen Wiesen und Weiden, an Weg- und Straßenrändern, vor allem auf nur gelegentlich beweidetem Land.

*Blütenstand*

*stark zerschlitztes Laubblatt*

Schafe fressen nur die Blätter der Schafgarbe, nicht die Blütenstände.

## Mach mit!

Frage zum Spaß einmal deine Eltern, ob sie das Blütenorakel kennen. – Dabei stellst du eine Frage und zupfst dann eine weiße Zungenblüte nach der anderen aus: Einmal heißt es „ja" und bei der nächsten Blüte heißt es „nein". Die endgültige Antwort gibt dir die letzte Zungenblüte. Doch ob sie stimmt ...?

# Die Margerite

blüht von Mai bis Oktober und wird 20 bis 90 cm hoch.

Da sie sich sehr schnell ausbreitet und dann eine ganze Wiese bevölkern kann, wird die Margerite auch Wucherblume genannt. Ähnlich wie beim Gänseblümchen sitzen die gelben Einzelblütchen zusammen in einem Körbchen.

weiße Zungenblüten

gelbe Einzelblütchen im Körbchen

Auf Wiesen und an Straßenrändern kannst du die Margerite manchmal „wuchern" sehen. Sie wächst selten allein, sondern fast immer in größeren Gruppen. Hier kannst du dir einen schönen Blumenstrauß pflücken.

*Das Blütenorakel:*
*Ja – nein – ja ...*
*Weiß die letzte*
*Zungenblüte*
*die Antwort?*

# Der Hahnenfuß

giftig

blüht von Mai bis September und wird 30 bis 100 cm hoch.

*stark geteilte Blätter beim Scharfen Hahnenfuß*

Wegen seiner Blütenfarbe wird der Hahnenfuß auch „Butterblume" genannt. Seine grünen Blätter erinnern an Vogelfüße. Es gibt verschiedene Hahnenfuß-Arten, und viele Mitglieder dieser Familie haben so eine Blattform.

Der Hahnenfuß wächst auf Wiesen und Weiden, an Straßen- und Wegrändern, oft in großen Mengen. Er wird von Kühen nicht gefressen.

*Achte einmal auf die unterschiedlichen Blätter vom Kriechenden (links) und vom Scharfen Hahnenfuß (rechts).*

## Finger weg!

Fast alle Hahnenfuß-Arten sind giftig. So auch der größere Scharfe Hahnenfuß und der niedrigere Kriechende Hahnenfuß. Beide werden wegen ihres scharfen Geschmacks von Kühen nicht gefressen. Im trockenen Heu verlieren sie aber ihre Giftigkeit und stehen bei Kühen und anderen Weidetieren wieder auf dem Speisezettel.

# Das Echte Johanniskraut

blüht von Juni bis September und wird 30 bis 80 cm hoch.

Wenn du die kleinen, eiförmigen Laubblätter gegen das Licht hältst, erscheinen
sie wie durchlöchert. In Wirklichkeit aber
handelt es sich bei den „Löchern" um
winzige Öldrüsen.

An Böschungen, Wegrändern
und in Säumen von Hecken und
Gebüschen ist das Echte Johanniskraut keine Seltenheit.

*Aus der gelben Knospe kommt ein Saft, der sich rot verfärbt.*

## Mach mit!

Aus Gelb wird Rot: Mit einem kleinen
Experiment kannst du anderen etwas „vorzaubern". Zupfe eine möglichst dicke Blütenknospe ab und
zerreibe sie zwischen Daumen und
Zeigefinger. Zurück bleibt ein roter
Fleck. Er entsteht aus Stoffen, die zur
Herstellung von wirksamen Ölen
und Medikamenten dienen.

*Laubblätter mit Öldrüsen*

## Mach mit!

Suche dir eine Löwenzahnpflanze mit geschlossenen Körbchen.
Markiere den Stiel mit einem roten Wollfaden. Wenn du täglich
„deinen" Löwenzahn besuchst,
kannst du miterleben, wie
schnell aus ihm eine Pusteblume
wird. In dieser Zeit wachsen die
Stiele noch sehr. So kann der
Wind die Samen mit den Schirmchen gut wegpusten.

# Der Löwenzahn

blüht von April bis Oktober
und wird 5 bis 50 cm hoch.

Diese Pflanze kennst du bestimmt. Die Ränder der grünen Blätter
des Löwenzahns erinnern an die großen Zähne eines Löwen. Der Stängel
enthält einen weißen Milchsaft, und
seine Wurzel wird sehr lang und
dick. Es ist gar nicht so leicht,
eine Löwenzahnpflanze mit-
samt der Wurzel aus dem
Boden zu ziehen.

Da der Löwenzahn
häufig auf Kuhweiden wächst,
nennt man ihn auch
„Kuhblume". Du wirst
ihn aber auch an
Wegrändern und auf
Wiesen finden.

Samen
mit Fall-
schirmchen

Knospe

Pfahlwurzel

# Die Sonnenblume

blüht von Juli bis November und wird 1 bis 3 m hoch.

Diese große Pflanze wächst in einem einzigen Sommer vom kleinen Sonnenblumenkern zum stattlichen Riesen heran. Der Blütenkorb ist eine bis zu 40 cm große Scheibe. Sie dreht sich immer zur Sonne hin. So kam die Pflanze zu ihrem Namen.

Sonnenblumen wachsen in Gärten und auf Feldern. Sie sind zu echten Nutzpflanzen geworden, aus deren Samen Öl und Margarine hergestellt werden.

*Die reifen Samen sind ein Leckerbissen, nicht nur für Vögel!*

## Mach mit!

Pflanze im Frühling einige Sonnenblumenkerne 2 cm tief in große Blumentöpfe und stelle sie an einen sonnigen Platz. Wenn du die Erde schön feucht hältst und regelmäßig gießt, wirst du schon bald einen Trieb aus der Erde wachsen sehen. Beobachte einmal, wie schnell deine Sonnenblumen groß werden. Übrigens schmeckt das Innere der Kerne sehr lecker. Du kannst im Winter die Vögel im Garten damit füttern.

# Der Raps

blüht im April und Mai
und wird 60 cm bis 1,20 cm hoch.

Wenn ein Rapsfeld blüht, kannst
du es schon von Weitem leuchten sehen.
Betrachte eine einzelne Rapsblüte einmal näher: Die vier Blütenblätter bilden
ein gelbes Kreuz. Alle Blumen, bei denen
du so ein Kreuz erkennen kannst, gehören zur Familie der Kreuzblütler.

Der Raps ist eine typische Feld-
pflanze. Doch manchmal kannst du ihn
auch an Straßenrändern oder auf nicht
genutztem Land finden.

*Zerdrückte Samen hinterlassen Fettflecken.*

## Mach mit!

Wenn der Raps im Sommer reif ist, sammle einige Schoten. Öffne sie und lege
die Samen auf ein Blatt Papier. Wenn du sie zerdrückst, bleiben Fettflecken
zurück. Das liegt daran, dass die Samen sehr viel Öl enthalten. Aus den Raps-
samen werden Margarine, Speiseöl und auch Treibstoff für Autos hergestellt.
Den Rapsblüten und den fleißigen Bienen verdanken wir den Rapshonig.

# Die Kuckucks-lichtnelke

blüht von April bis Juni und wird 30 bis 70 cm hoch.

*ausgefranste Blütenblätter*

Die rosaroten Blütenblätter der Kuckuckslichtnelke sehen stark ausgefranst aus. Ihre grünen Laubblätter sind schmal und stehen sich immer gegenüber.

*Die schmalen Blätter stehen sich gegenüber.*

Du findest die Kuckuckslichtnelke vor allem auf nassen Wiesen. Sie wächst aber auch an Wegrändern, die besonders feucht sind.

*Im geöffneten Schaumtröpfchen erkennst du die Zikadenlarve.*

## Schon gewusst?

Häufig kannst du kleine Schaumtröpfchen an dieser Pflanze entdecken. Weißt du, von wem die Tröpfchen stammen? Sie sind das Nest eines kleinen Insekts, der Schaumzikade. In diesem Schaumnest, dem sogenannten Kuckucksspeichel, wachsen die Zikadenlarven gut geschützt heran.

## Mach mit!

Wer bastelt aus Naturmaterialien die fantasievollsten kleinen Figuren? Die runden bis eiförmigen Kapseln des Klatschmohns eignen sich besonders gut für Köpfe. Hast du bereits entdeckt, was in den reifen Kapseln raschelt? Es sind die Samen, die oben seitlich aus der Kapsel herausfallen.

# Der Klatsch-mohn

blüht von Mai bis Juli und wird 20 bis 90 cm hoch.

Bestimmt hast du die leuchtend roten Mohnblüten schon einmal gesehen. Sie werden immerhin 6 bis 10 cm groß und haben in der Mitte einen schwarzen Fleck. Die geschlossenen Knospen hängen immer nach unten.

Früher, als der Bauer noch keine Spritzmittel gegen sogenannte Ackerunkräuter hatte, wuchs der Klatschmohn überall zwischen dem Getreide. Heute siehst du ihn eher am Feldrand. Er wächst in großen Mengen auf frisch abgetragener oder aufgeschütteter Erde.

*Blüte*

*Knospe*

*Aus der reifen Samenkapsel fallen seitlich die Samen heraus.*

# Die Herbstzeitlose

*sehr giftig*

**blüht von August bis Oktober und wird 5 bis 20 cm hoch.**

Wenn im Herbst die meisten Blumen bereits verwelkt sind, öffnen sich die Blüten der Herbstzeitlose. Sie sehen aus wie Krokusse, die du im Frühling aus dem Garten kennst. Die großen grünen Laubblätter der Herbstzeitlose sprießen erst im Frühling aus der Erde.

Du wirst diese Pflanze in Norddeutschland wahrscheinlich vergeblich suchen. Im Süden Deutschlands findest du sie noch auf vielen Wiesen. Allerdings ist die Herbstzeitlose auch dort nicht mehr so häufig wie früher.

*blattloser Blütenstand (Herbst)*

*Samenkapsel (Frühling)*

*Knolle*

## Finger weg!

Die Herbstzeitlose ist sehr giftig! Fasse weder die Blätter noch die Samenkapseln an! Wenn ein Mensch nur ein bis fünf Samen isst, kann er daran sterben. Selbst Kühe machen einen großen Bogen um die Herbstzeitlose. Nur Ziegen und Schafe fressen sie. Ihre Milch kann danach allerdings noch Spuren des Giftes enthalten.

# Die Wiesen-Glockenblume

**blüht von Mai bis Juli
und wird 20 bis 50 cm hoch.**

Die Wiesen-Glockenblume erkennst du an ihren blauvioletten Blüten, die sich an den Spitzen der Seitentriebe befinden. Die Blüten sind nur tagsüber bei schönem Wetter geöffnet. Sie locken Bienen und Hummeln an, die es tief in der Blüte auf den Nektar abgesehen haben.

Vor allem auf Wiesen und an Wegrändern findest du die Wiesen-Glockenblume und ihre zahlreichen Verwandten. Du kannst Glockenblumen aber auch in Gärten wachsen sehen.

*Diese Wildbiene hat sich zum Schlafen in der Blüte zusammengerollt.*

# Die Wegwarte

blüht von Juli bis September und wird 20 cm bis 1,20 m hoch.

Besonders auffällig sind die schönen himmel-
blauen Blüten der Wegwarte. Ähnlich wie beim
Löwenzahn sitzen auch bei ihr viele kleine
Einzelblüten in einem Körbchen. Alte
Erzählungen beschreiben diese Blumen
als traurige Augen eines jungen
Burgfräuleins, das am Wegesrand auf
ihren Geliebten wartet. Siehst du eine
Ähnlichkeit?

Wo du die Wegwarte finden kannst, verrät dir schon ihr Name. Sie wächst vor allem an
Weg- und Straßenrändern. Du kannst
sie aber auch auf Viehweiden finden.

*Die Blüten der Wegwarte sind nur in der
ersten Hälfte des Tages geöffnet.*

## Mach mit!

Wenn du eine Wegwarte findest, besuche sie regelmäßig zur gleichen Zeit am Morgen und am Mittag.
Dann kannst du beobachten, dass sich die Blüten bei
schönem Wetter gegen neun Uhr morgens öffnen
und sich bereits mittags wieder schließen.

## Schon gewusst?

Heute sind Kornblumen selten. Warum? Inzwischen wird das Getreidesaatgut säuberlich von allen Wildblumensamen gereinigt. Die Getreidefelder werden zusätzlich mit chemischen Stoffen behandelt, die Wildkräuter wie die Kornblume gar nicht erst groß werden lassen.

# Die Kornblume

blüht von Juni bis September und wird 20 bis 90 cm hoch.

Die Kornblume erkennst du an den blauen äußeren Blüten, die wie ein Strahlenkranz aussehen. Doch es handelt sich dabei nur um sogenannte Scheinblüten. Sie sollen nektarsuchende Insekten anlocken. Die eigentlichen Blüten sitzen in der Mitte dicht gedrängt im Blütenkörbchen.

Früher gab es in Getreidefeldern auch immer Kornblumen. Doch heute findest du sie dort nur noch selten. Dafür sieht man diese wunderschönen blauen Blumen immer häufiger in Gärten und Parkanlagen, wo sie allerdings ausgesät werden.

*Die Scheinblüten bilden den Strahlenkranz.*

*Blütenkörbchen*

*Bunte Feldblumen –
Klatschmohn, Margerite
und Kornblume – auf einer
Blumenwiese*

## Mach mit!

Pflücke einen Stängel und halte ihn gegen das Licht. Wenn du den Stängel langsam zwischen Daumen und Zeigefinger drehst, fühlst und siehst du an zwei Seiten des Stängels feine Härchenreihen. An diesen Härchenreihen kannst du den Gamander-Ehrenpreis von seinen Verwandten unterscheiden.

# Der Gamander-Ehrenpreis

blüht von April bis Juni
und wird 10 bis 30 cm hoch.

Knospen

Blüten

Hier ist die Blütenkrone abgefallen.

Du kannst den Gamander-Ehrenpreis an seinen vier kleinen tiefblauen Blütenblättern bestimmen. Das untere Blütenblatt ist kleiner als die anderen. Die Blüten sind kurzlebig. Täglich öffnen sich neue Knospen.

Der Gamander-Ehrenpreis wächst sehr zahlreich an Wegrändern, auf Wiesen und an Waldrändern.

*Am Stängel sitzen feine Härchen, die in zwei Reihen angeordnet sind.*

# Der Wiesensalbei

blüht von April bis August und wird 30 bis 60 cm hoch.

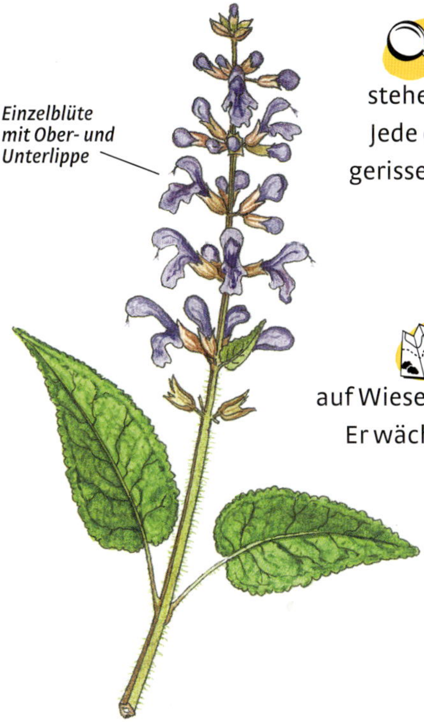

*Einzelblüte mit Ober- und Unterlippe*

Immer vier bis acht blaue Blüten stehen in Kreisen um den Stängel herum. Jede einzelne Blüte sieht aus wie ein aufgerissenes Maul mit Ober- und Unterlippe. Die Blütenform erinnert an die Blüten der Taubnessel.

Den Wiesensalbei entdeckst du auf Wiesen, an Wegrändern und Böschungen. Er wächst am liebsten auf steinigen Böden.

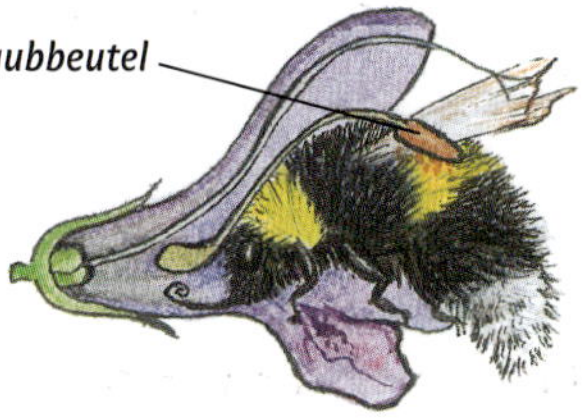

*Staubbeutel*

## Mach mit!

Mit diesem kleinen Experiment kannst du beobachten, was passiert, wenn eine Hummel eine Blüte besucht. Berühre den Rachen der Blüte vorsichtig mit einem spitzen Bleistift. Jetzt kannst du sehen, wie sich die Staubbeutel herabneigen. In dieser Stellung würden sie den Rücken einer Hummel berühren.

*Die Hummel wird beim Nektarnaschen mit dem Staubbeutel bepudert. So trägt sie den Blütenstaub als blinder Passagier zur nächsten Blüte.*

# Der Frauenmantel

blüht von Mai bis September und wird 10 bis 40 cm hoch.

Die hellgrünen Blüten des Frauenmantels sind sehr unscheinbar. Du kannst ihn aber an seinen handförmigen grünen Blättern leicht bestimmen. Seinen Namen hat der Frauenmantel von der Form seiner Blätter. Sie erinnern ja wirklich ein wenig an einen Mantel, oder?

Der Frauenmantel wächst auf Wiesen, in Wäldern, an Gräben und Böschungen. Im Bergland ist er besonders weit verbreitet.

*Blatt in Mantelform*

*Die Wassertröpfchen am Blattrand des Frauenmantels sehen aus wie kleine Perlen.*

## Schon gewusst?

Die Blätter des Frauenmantels bieten dir morgens bei feuchter Luft einen wunderschönen Anblick: Kleine Wasserperlen in gleichmäßigen Abständen zieren dann die Zähnchen an den Blatträndern. Die Tröpfchen sind das Wasser, das der Frauenmantel abgibt, das aber in der feuchten Luft nicht sofort verdunstet.

# Der Schwarzdorn

wird auch Schlehe genannt, blüht im März/April und wird 1 bis 3 m groß.

## Schon gewusst?

Früher hat man die reich verzweigten Äste bei der Salzgewinnung genutzt. Über die im Gradierwerk dicht aufgeschichteten Zweige wurde salziges Wasser (die Sole) gegossen. An den feinen Zweigen konnte viel Wasser verdampfen, sodass sich in der restlichen Sole der Salzgehalt konzentrierte. Damit konnte man viel kostbare Energie sparen, wenn zur Salzgewinnung die Sole eingedampft wurde.

Der Schwarzdorn ist im Frühjahr einer der ersten Sträucher der üppig weiß blüht. Die duftenden Blüten kommen deutlich vor den Blättern zum Vorschein. Seine vielen Dornen schützen ihn gegen hungrige Mäuler von Rehen, Kühen oder Schafen. Im Herbst hängen die kleinen runden blauen Schlehenfrüchte am Busch. Aber erst nach dem ersten Frost sind sie nicht mehr so bitter und essbar.

Der Schwarzdorn kommt überall in Feldgehölzen, Hecken und an Waldrändern vor. Da er auch viele nützliche Insekten anlockt und anderen Tieren einen sicheren Unterschlupf bietet, wird er auch gerne in Parks und naturnahen Gärten gepflanzt.

# Der Birnbaum

blüht im April/Mai und wird 15 bis 25 m groß.

Die Blätter vom Birnbaum kannst du leicht vom Apfelbaum unterscheiden. Sie sind glatt bzw. sehr fein gesägt, haben keine Haare auf der Unterseite und glänzen mehr.

Die Blüten sind reinweiß mit fünf Blütenblättern. Wie beim Apfel gibt es auch bei der Birne sehr viele Sorten.

## Schon gewusst?

Spielst du Flöte, dann hast du vielleicht ein Stück Birnenholz in der Hand. Viele der Blockflöten werden wegen des guten Klanges aus Birnenholz gemacht.

Ansonsten ist Birnenholz auch für den Bau von Möbeln sehr beliebt.

In Gärten und auf Obstwiesen stehen die meisten Birnbäume. In Süddeutschland findest du in warmen, lichten Laubwäldern und Felsgebüschen die Holzbirne, eine Wildform der Birne.

# Der Zwetschgenbaum

blüht im April/Mai und wird 5 bis 15 m groß.

## Schon gewusst?

Von der Pflaume oder Zwetschge gibt es noch mehrere andere Sorten. Obwohl sie von der Form und der Farbe völlig anders aussehen, gehört die gelbe Mirabelle oder die rötliche Reneklode zur selben Art.

*Mirabelle*

Die blau bereiften Zwetschgen oder Pflaumen sind im Herbst leicht zu erkennen. Wie viele andere Obstbäume blüht der Baum mit schönen weißen Blüten, kurz bevor die Blätter kommen. Die Blätter sind eiförmig und am Rand fein gesägt. Die Blattunterseite ist dicht behaart. Die Äste können mit kurzen spitzen Dornen besetzt sein.

Der Zwetschgenbaum kommt nur in Gärten, Obstwiesen oder Obstbaumalleen vor.

## Schon gewusst?

Weißt du, was ein Pomologe ist? Ein Apfelexperte. Es gibt nicht nur die wenigen Apfelsorten, die du aus dem Supermarkt kennst. Äpfel werden schon seit vielen hundert Jahren gezüchtet, sodass es inzwischen ca. 20 000 Apfelsorten weltweit gibt. In Deutschland sind es immerhin noch ca. 2 000 Sorten. Ein Pomologe kennt viele davon. Er bestimmt die Sorten anhand der Farbe und des Geschmacks des Apfels, der Form des Kerngehäuses und des Standortes des Baumes.

*Apfelsorten unterscheiden sich schon oft auf den ersten Blick.*

# Der Apfelbaum

blüht im April/Mai und wird 2 bis 15 m groß.

Die schönen großen, rosaweißen Blüten fallen im Frühling besonders auf. Im Herbst leuchten dagegen die grünen oder roten Äpfel am Baum. Die Blätter beim Apfel sind eiförmig und vorn zugespitzt. Auf der Blattunterseite sind sie dicht behaart und am Blattrand gesägt.

In Gärten und auf Obstwiesen stehen die meisten Apfelbäume. In lichten Laubwäldern findest du aber auch ab und zu wilde Äpfel, die besonders zur Blütezeit im Wald auffallen.

# Die Sal-Weide

blüht im März bis Mai und wird bis zu 10 m groß.

Die Blätter der Sal-Weide sind sehr unterschiedlich, von schmal und länglich bis rundlich und oval. Die Blattoberseite ist etwas runzelig, die Unterseite weich und graufilzig behaart.

## Schau genau hin!

Für die Bienen ist die Sal-Weide wegen ihrer frühen Blütezeit ein wichtiger Nektar- und Pollenlieferant, denn so viele andere Pflanzen blühen jetzt noch nicht. Auch die ersten Schmetterlinge des Jahres, wie den Zitronenfalter oder den Kleinen Fuchs, kannst du hier entdecken.

*Sal-Weide in Blüte*

*Weidenkätzchen*

*Blattrand leicht gewellt*

Es gibt männliche und weibliche Bäume, die ihre Blütenkätzchen lange vor den Blättern austreiben. Die Samen hängen an dünnen weißen Schwebehaaren und können vom Wind weit verbreitet werden.

Die Sal-Weide ist eine Pionierpflanze, das heißt, sie siedelt sich schnell auf ungenutzten Flächen an. So findest du sie häufig an Weg- und Waldrändern, Steinbrüchen, Kiesgruben oder Lichtungen.

# Die Feld-Ulme

blüht im März/April und wird bis zu 40 m groß.

Die Blätter der Feld-Ulme sind in Form und Größe sehr unterschiedlich. Typische Blätter sind länglich eiförmig, deutlich unsymmetrisch und glänzen. Auf der Blattunterseite sind in den Winkeln der Blattnerven weißliche Haarbüschel. Die in Büscheln stehenden Blüten treiben lange vor den Blättern aus. Die Früchte sind ähnlich wie bei der Berg-Ulme.

Die Feld-Ulme kommt in Auwäldern, an sonnigen Waldrändern und in Feldgehölzen vor. Gelegentlich wird sie auch in Parks angepflanzt.

## Schon gewusst?

Früher wurde das Laub von der Feldulme oder der Esche an Kühe, Ziegen und Schafe verfüttert. Dafür hat man die frischen Äste am Stamm abgeschnitten (geschneitelt), getrocknet und im Winter verfüttert. Die geschneitelten Bäume bekamen durch diesen regelmäßigen Schnitt ein ganz charakteristisches Aussehen. In Österreich werden auch heute noch Bäume geschneitelt.

*Geschneitelter Baum*

# Die Hänge-Birke

blüht im März/Mai und wird bis zu 25 m groß.

Weibliche
Kätzchen

Ihren Namen verdankt die Hänge-Birke ihren langen dünnen herunterhängenden Zweigen. Die relativ kleinen Blätter sind eiförmig bis dreieckig. Unverwechselbar ist auch die weiße Rinde, die sich in papierartigen Streifen ablösen lässt. Vom Wind werden die kleinen geflügelten Samen weit verstreut.

Männliche
Kätzchen

Die Hänge-Birke ist weit verbreitet, kommt aber bevorzugt auf sandigen Böden, in Heiden und Mooren vor. Sie wächst aber auch in Kiesgruben, Brachland, Feldgehölzen und Waldrändern. Zum Wachsen braucht die Birke viel Licht.

## Schon gewusst?

Die Birke wird vielfältig genutzt. Aus den dünnen Ästen werden Reisigbesen hergestellt. Im Frühjahr wird der Baum angezapft und der aufsteigende Birkensaft gewonnen. Daraus werden Medizin und Kosmetikprodukte hergestellt. Und aus der Rinde wurde früher Birkenteer gemacht, eine Art Klebstoff.

# Der Feld-Ahorn

blüht im April/Mai und wird 5 bis 15 m groß.

Die Blätter des Feld-Ahorns haben drei bis fünf stumpfe Blattlappen und können bis zu zehn Zentimeter lang werden, also etwa halb so lang wie dieses Buch. Gleichzeitig mit den Blättern treiben im Frühling die kleinen, unauffälligen Blüten aus. Im Spätsommer entwickeln sich die typischen paarigen Flügelfrüchte mit fast waagrecht abstehenden Flügeln.

*Früchte fast gerade*

Der Feld-Ahorn kommt in krautreichen Wäldern, Feldgehölzen und Hecken vor. Er mag es lieber warm und wächst nicht so gerne auf feuchten Böden. Im Norden ist er deshalb nicht so verbreitet.

## Mach mit!

Die Früchte aller Ahorn-Arten sind sogenannte Schraubenflieger. Probier es aus und wirf ein paar Früchte aus dem Fenster. Nach ein paar Zentimetern fangen sie an, sich wie ein Hubschrauber zu drehen, und sinken so langsam zu Boden. Nun kann der Wind den Samen weitertragen.

# Der Eingriffelige Weißdorn

blüht im Mai/Juni und wird 2 bis 10 m groß.

*Ein Griffel*

## Schau genau hin!

Eine sehr ähnliche Art ist der Zweigriffelige Weißdorn. Wenn du dir die Blüte genau anschaust, erkennst du zwei weibliche Stempel. Sind die mehligen Früchte reif, haben sie auch zwei Kerne. Die Blätter sind oben breiter als am Grund und meist nicht so tief eingeschnitten.

Der Weißdorn ist ein sehr dichter, dorniger Strauch, nur selten erreicht er die Größe und Form eines Baumes. Seine Blätter sind meist fünflappig und die Buchten sind fast bis zur Blattrippe eingeschnitten. Die Blüten leuchten weiß, ähnlich wie bei einem Kirschbaum. Die eiförmigen, roten Früchte werden ab September reif und haben nur einen Kern.

Den Eingriffeligen Weißdorn findest du vor allem in Feldhecken, Gebüschen und Waldrändern. Aber auch in Parks und naturnahen Gärten wird der schön blühende Strauch gerne gepflanzt.

# Die Zitter-Pappel

wird auch Espe genannt, blüht im März/April
und wird bis zu 30 m groß.

Die Blätter der
Zitter-Pappel sind fast
kreisrund und buchtig
gezahnt, ähnlich einem
Zahnkranz am Fahrrad.
Der Blattstiel ist leicht
abgeplattet.

*Flacher Blattstiel*

Wie bei der Silber-Pappel gibt es männliche
und weibliche Bäume, die ihre Blütenkätzchen vor den Blättern austreiben.
Auch die Früchte sind wollig behaart.

## Schon gewusst?

Kennst du den Spruch: Zittern
wie Espenlaub? Die Blätter der
Zitter-Pappel sind besonders
beweglich. Das liegt an dem
langen, abgeplatteten Blattstiel. So reicht ein leichter
Windhauch, um das Blatt zittern und rascheln zu lassen.

Die Zitter-Pappel kommt überall
da vor, wo der Boden ungenutzt ist,
also auf Brachland, auf frisch geschla-
genen Lichtungen, in Steinbrüchen
oder an Weg- und Waldrändern.

# Der Schwarze Holunder

blüht im Mai bis Juni und wird bis zu 10 m groß.

Der Schwarze Holunder wächst fast immer als buschiger Strauch. Die Blätter haben meist fünf gleich große Fiederblättchen. Diese sind länglich eiförmig mit einem gesägten Blattrand.
Ab Mai ist der Busch übersät mit weißlichen Blütenständen, die süßlich duften.
Die schwarzen Holunderbeeren sind schon ab August reif und bei vielen Vögeln sehr beliebt.
Die Fruchtstiele verfärben sich dann purpurrot.

## Schon gewusst?

Um den Holunder ranken sich viele Sagen und Märchen. Bei den Germanen wohnte die Hausgöttin Holla oder Holda im Holunderbusch. Daraus wurde dann in den Märchen die Frau Holle. Früher war der Holunderbusch im Garten ein Schutzbaum, der vor Feuer, Unglück und Hexerei schützen sollte. Ansonsten kannst du aus den Blüten leckeren Holundersirup oder Holunderküchlein machen, aus den Beeren Marmelade oder Saft kochen. Und gegen Erkältungen und Fieber hilft er auch.

Auf leicht feuchten Standorten fühlt sich der Holunder wohl. Du findest ihn an Waldrändern, Feldgehölzen und Auwäldern. Da er früher viel genutzt wurde, steht er auch meist bei alten Bauernhöfen, Gärten oder Feldscheunen.

# Lebensraum Wald

Bestimmen mit dem Kosmos-Farbcode

Der Scharlachrote Feuer-
käfer Seite 130

Die Rote Waldameise
Seite 131

Der Zitronenfalter
Seite 132

Der Rothirsch
Seite 136

Die Mönchsgrasmücke
Seite 137

Das Wintergoldhähnchen
Seite 138

Der Buntspecht
Seite 142

Der Schwarzspecht
Seite 143

Die Singdrossel
Seite 144

Die Waldohreule
Seite 148

Das Buschwindröschen
Seite 149

Die Walderdbeere
Seite 150

**Der Rotfuchs**
Seite 133

**Das Wildschwein**
Seite 134

**Das Reh**
Seite 135

**Der Grauschnäpper**
Seite 139

**Die Schwanzmeise**
Seite 140

**Der Buchfink**
Seite 141

**Der Eichelhäher**
Seite 145

**Der Sperber**
Seite 146

**Der Kuckuck**
Seite 147

**Der Sauerklee**
Seite 151

**Der Waldmeister**
Seite 152

**Der Bärlauch**
Seite 153

# Lebensraum Wald

Das Maiglöckchen
Seite 154

Das Scharbockskraut
Seite 155

Das Springkraut
Seite 156

Das Leberblümchen
Seite 160

Das Veilchen
Seite 161

Das Lungenkraut
Seite 162

Der Faulbaum
Seite 166

Der Blutrote Hartriegel
Seite 167

Die Vogel-Kirsche
Seite 168

Der Berg-Ahorn
Seite 172

Die Gemeine Esche
Seite 173

Die Trauben-Eiche
Seite 174

Bestimmen mit dem Kosmos-Farbcode

Die Hohe Schlüsselblume
Seite 157

Das Waldweidenröschen
Seite 158

Der Rote Fingerhut
Seite 159

Der Aronstab
Seite 163

Die Tollkirsche
Seite 164

Die Rot-Buche
Seite 165

Die Berg-Ulme
Seite 169

Die Hainbuche
Seite 170

Der Spitz-Ahorn
Seite 171

Die Stiel-Eiche
Seite 175

Die Gemeine Fichte
Seite 176

Die Weiß-Tanne
Seite 177

# Der Scharlachrote Feuerkäfer

fliegt von Mai bis Juni und wird 14 bis 18 mm lang.

Mit seinen roten Flügeldecken, dem roten Brustschild und dem schwarzen Kopf kann man den Scharlachroten Feuerkäfer leicht erkennen. Der Körper ist flach, lang gestreckt und schwarz gefärbt. Wie alle Käfer zählt er zu den Insekten mit vollständiger Verwandlung, das heißt, dass eine Larve aus dem Ei schlüpft, daraus wird eine Puppe, und erst dann entwickelt sich der Käfer voll.

## Schon gewusst?

Das Feuerkäfer-Weibchen legt Eier unter die lose Baumrinde gefällter Bäume und in Baumstümpfe. Hier entwickeln sich Larven, die mit ihren kräftigen Mundwerkzeugen im Holz Gänge bohren, um andere dort lebende Insektenlarven zu erbeuten. Da Feuerkäferlarven auch Baumschädlinge wie Borkenkäferlarven fressen, gelten sie als Nützlinge. Nach zwei bis drei Jahren Entwicklungsdauer verpuppen sich die Larven. Kurze Zeit später schlüpfen aus der Puppe die ausgewachsenen roten Käfer, die Nektar, Honigtau oder Pflanzensäfte naschen.

Lebensraum des Scharlachroten Feuerkäfers sind Wälder. Die ausgewachsenen flugfähigen Tiere kann man an Waldrändern und Lichtungen meist in der niedrigen Strauch- und Krautschicht beobachten.

# Die Rote Waldameise

ist zwischen April und Oktober/November aktiv und wird zwischen 5 bis 7 mm (Arbeiterin) und 9 bis 11 mm (Königin) lang.

## Schon gewusst?

Weil sie große Mengen an Waldschädlingen (z.B. Insektenlarven) vertilgen, gelten Waldameisen als Nützlinge. Meist jagen sie in Gruppen und schleppen die Beute gemeinsam in den Bau. Im Winter fallen die Ameisen in Kältestarre und fressen nichts mehr, bis es wieder wärmer wird.

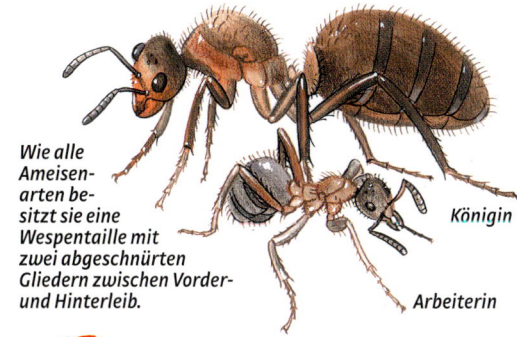

*Wie alle Ameisenarten besitzt sie eine Wespentaille mit zwei abgeschnürten Gliedern zwischen Vorder- und Hinterleib.*

Königin

Arbeiterin

Ameisen sind sehr starke Tiere; sie können das Mehrfache ihres eigenen Gewichtes tragen. Bei Gefahr bringen sie ihren Nachwuchs in Sicherheit.

Die Rote Waldameise zählt zu den Staaten bildenden Insekten. Ihre Kopfoberseite, der Hinterleib und die Beine sind schwarzbraun, der übrige Körper ist rot gefärbt. Die Unterseite des Kopfes und der Vorderrücken sind behaart. Flügel sind nur kurzzeitig bei Königin und Männchen ausgebildet, die im Mai und Juni zur Paarung ausschwärmen. Die Arbeiterinnen und die Soldaten, die kräftige Kieferzangen und große Köpfe besitzen, sind flügellos.

An sonnigen Stellen in lichten Laub- und Nadelwäldern kannst du die großen Bauten der Roten Waldameise entdecken. Sie werden auf einem morschen Baumstumpf aus Baumnadeln, kleinen Ästen und Moos angelegt und können bis zu drei Meter hoch werden.

# Der Zitronenfalter

fliegt von März bis Oktober und hat eine Flügelspannweite von 5 bis 5,5 cm.

Die Männchen des Zitronen-
falters sind an der Ober- und
Unterseite zitronengelb
gefärbt, die Weibchen
grünlich weiß. In der Mitte
der Oberseite des oberen
Flügelpaares befindet sich
bei beiden Geschlechtern
ein orangefarbener Punkt.
Mit zusammengeklappten
Flügeln ähnelt der Falter einem Blatt.

*Weibchen*

*Männchen*

Die Raupe ist blattgrün mit hellen seitlichen Streifen, die Puppe gelbgrün und in der Mitte aufgewölbt. Sie hängt waagrecht an einem Seidenfaden an einem Zweig.

Raupen findet man in
beschatteten, feuchten Waldrändern und Waldlichtungen.
Sie ernähren sich von den Blättern
von Faulbaum, Purgier-Kreuzdorn
und anderen Kreuzdornarten.

## Schon gewusst?

Zitronenfalter überwintern als Falter auf Zweigen sitzend oder zwischen trockenem Laub auf dem Boden und verharren, oft von Schnee bedeckt, in Kältestarre. Weil sie mithilfe von körpereigenen Frostschutzmitteln den Gefrierpunkt ihrer Körperflüssigkeiten senken können, sind sie in der Lage, Temperaturen von bis zu minus 20 Grad auszuhalten.

# Der Rotfuchs

ist ganzjährig nachts aktiv und wird (ohne Schwanz) 75 cm lang.

Das Fell des Rotfuchses ist rotbraun, auf der Bauchseite weißlich. Der untere Bereich der Beine ist schwarz gefärbt. Auffallend ist der 40 cm lange, buschige Schwanz, der oft eine weiße oder schwarze Spitze hat. Die Ohren stehen, wie bei allen Wildhunden, aufrecht. Sie lassen sich in fast alle Richtungen drehen und können damit jedes Geräusch genau orten.

## Schon gewusst?

In der Dämmerung und nachts streift der Rotfuchs in seinem Revier umher auf der Suche nach Nahrung. Sie besteht hauptsächlich aus Mäusen und anderen Nagetieren, aber auch Vögel, kleine Bodentiere, Beeren oder Früchte stehen auf dem Speiseplan. Im Winter werden auch Aas und Abfälle nicht verschmäht. Tagsüber ruht sich der Rotfuchs in seinem Bau aus. Vor dem Eingangsloch findet man meist Erdaushub und Reste von Mahlzeiten. Außerdem riecht es dort wie im Raubtierhaus.

Ursprünglich ein Waldbewohner, lebt der Rotfuchs heute auch in Gärten und Parkanlagen in der Großstadt. Sein Revier markiert er mit Kot und Urin. Es umfasst fünf bis 20 Quadratkilometer rund um den unterirdischen Bau, den er meist im Wald als Schlafplatz und zur Aufzucht der Jungen anlegt.

*Schau genau hin. So sieht die Spur eines Fuchses aus.*

# Das Wildschwein

ist ganzjährig aktiv und wird 1,1 bis 1,8 m lang.

Der Körper eines Wildschweins ähnelt, wie bei allen Schweinen, einem Fass. Ihre Haut ist sehr derb. Im Winter ist ihr Fell dunkelgrau bis braunschwarz mit langen borstigen Deckhaaren und kurzen feinen Wollhaaren. Im Sommer ist das Fell kurz und an den Spitzen etwas heller.

*An jedem Fuß befinden sich vier Zehen, wobei die vorderen Zehen das Gewicht tragen.*

Als Lebensraum bevorzugt das Wildschwein feuchte, lichte Laub- und Mischwälder. Die Nahrung des Allesfressers besteht vor allem aus Eicheln und Bucheckern, es kann aber mit seinem Rüssel auch Knollen, Wurzeln und Bodentiere wie Insektenlarven oder Mäuse aus dem Boden ausgraben. Auch Aas (tote Tiere) und Picknickreste werden gern gefressen.

*Sehr gern nimmt das Wildschwein ein kühlendes Schlammbad gegen Parasiten.*

# Das Reh

lässt sich ganzjährig beobachten und wird 1 bis 1,4 m lang.

Rehe zählen zur Familie der Hirsche. Im Sommer ist ihr Fell rotbraun, im Winter grau- oder dunkelbraun. Die im Mai oder Juni geborenen Jungen (Rehkitze) sind seitlich und am Rücken weiß punktiert. Das Geweih des Rehbocks ist wenig verzweigt. Zwischen Oktober und Dezember wird es abgeworfen.

Reh mit Sommerfell

Reh mit Winterfell

Rehe leben bei uns in erster Linie in Wäldern. Die beste Zeit, Rehe zu beobachten, ist die Dämmerung, wenn die Tiere Waldlichtungen und Felder aufsuchen, um zu fressen. Im Frühling und Sommer fressen sie Gräser, Kräuter und Blätter, im Herbst Eicheln, Bucheckern, Pilze und Beeren.

## Schon gewusst?

Rehkitze liegen meist allein, ihre Mutter befindet sich aber versteckt ganz in der Nähe. Die beiden finden sich durch Rufe. Bei Gefahr oder wenn sie Angst haben, stoßen die Rehkitze einen Laut aus, der an ein Fiepen oder Hundegebell erinnert. Wird das Kleine von einem Menschen gestreichelt, nimmt es einen für die Mutter fremden Geruch an. Sie erkennt und säugt es nicht mehr. Es muss verhungern und wird zur leichten Beute für Füchse.

# Der Rothirsch

ist ganzjährig zu beobachten
und wird 1,6 bis 2,6 m lang.

Der Rothirsch zählt zu den Paarhu-
fern, die an jedem Fuß zwei bis vier Zehen
haben. Das Fell ist im Sommer rotbraun.
Im Winter wird es dichter und nimmt eine
graubraune Färbung an. Ein Geweih tragen
nur die männlichen Rothirsche. Es besteht
aus Knochenmaterial.
Jedes Jahr im Februar/März wird es abgeworfen
und dann wieder erneuert.

Wälder sind der Lebensraum
der Rothirsche, die sich von Gras,
Laub, Eicheln, Bucheckern, Kastanien und Pilzen ernähren. Im Winter
stehen auch Moos, Flechten und
Knospen auf dem
Speiseplan.

## Schon gewusst?

In der Paarungszeit Anfang September kann man im Wald die Brunft-
schreie der Hirschböcke hören. Bei
den Kämpfen um
das weibliche Ru-
del gehen die Tiere
mit gesenktem
Geweih aufeinander
los, bis der Unter-
legene flüchtet.

Die Weibchen leben in Rudeln, die angeführt
werden von einer älteren Hirschkuh. Junge
Männchen bilden eigene Rudel. Ältere ziehen oft als Einzelgänger durch den Wald.

# Die Mönchsgrasmücke

kommt von April bis Oktober vor und wird 13 bis 15 cm groß.

Die männliche Mönchsgrasmücke hat eine schwarze Kappe auf. Der Rest des Gefieders ist einheitlich grau. Das Weibchen trägt eine braune Kappe. Mit ihrem melodischen, flötenden Gesang gehört diese Vogelart zu unseren schönsten Sängern. Bei Erregung oder Gefahr ruft sie dagegen laut und hart „teck-teck-teck".

*Weibchen*

*Männchen*

In gebüschreichen Wäldern, Parks, Gärten und Feldgehölzen baut die Mönchsgrasmücke ihr Nest in dichtes Gebüsch oder junge Fichten. Von Ende August bis Oktober siehst du sie häufig in Holunderbüschen sitzen und die schwarzen Beeren fressen. Die Beeren sind der richtige „Treibstoff" auf dem Weg in den Mittelmeerraum, wo der Vogel überwintert.

## Schon gewusst?

Seit einigen Jahren gibt es Mönchsgrasmücken, die den Winter nicht mehr im warmen Süden am Mittelmeer verbringen. Diesen Vögeln reicht der milde Winter in Südengland. Das hat den Vorteil, dass sie weniger Kilometer fliegen müssen und im Frühling viel ausgeruhter im Brutgebiet ankommen. So können sie die besten Brutreviere schon früh besetzen.

# Das Wintergold-hähnchen

kommt ganzjährig vor und wird 8 bis 9 cm groß.

Das Wintergoldhähnchen ist der kleinste Brutvogel in Europa. Neben der rundlichen Gestalt und dem graugrünen Gefieder fallen die weißliche Flügelbinde und der gelbe, schwarz eingerahmte Scheitelstreif auf. Wintergoldhähnchen turnen in ständiger Bewegung durchs Geäst. Ihre Stimmen zeichnen sich durch ein feines, hohes, auf und absteigendes „Zi-si, Zi-si, Zi-si" aus.

## Schon gewusst?

Mit gerade mal fünf Gramm wiegt das Wintergoldhähnchen so viel wie zwei Stück Würfelzucker. Um seine Körpertemperatur aufrechtzuerhalten, muss das Leichtgewicht ständig fressen. So benötigt es täglich mehr Futter, als es selber wiegt, damit es nicht verhungert. In langen, schneereichen Wintern wird das für den kleinen Insektenfresser zum Problem. Dann kann es vorkommen, das ein Großteil der Wintergoldhähnchen stirbt.

Flügelbinde

Scheitelstreif

In größeren Fichtenwäldern kannst du diese Winzlinge entdecken. Das Wintergoldhähnchen ist vor allem in Nadelbäumen zu finden. Dort sucht es die äußeren Zweige nach kleinen Insekten ab und baut sein Nest aus Spinnenweben, Moos, Flechten, weichen Federn und Tierhaaren. Im Winter kommt es auch mal ans Futterhäuschen.

# Der Grauschnäpper

kommt von Mai bis September vor und wird 13 bis 15 cm groß.

Der Grauschnäpper ist ein unauffälliger Vogel. Er hat einen graubraunen Rücken, eine schmutzig weiße Unterseite und ist an der Brust leicht grau gestrichelt. Das Auge ist auffällig groß und sticht schwarz hervor. So ist der Grauschnäpper bestens getarnt und macht höchstens mit seinen hohen „Tzieht-tzieht"-Rufen auf sich aufmerksam.

*Grauschnäpper fängt Fliege*

Er kommt in offenen Wäldern mit vielen Lichtungen vor, an Waldrändern, aber auch in Parks, Obstwiesen und Gärten mit alten Bäumen. Hier baut er sein Nest in Halbhöhlen. Im September macht sich der Grauschnäpper auf den langen Weg bis ins südliche Afrika.

## Schau genau hin!

Der Grauschnäpper ist ein Meister im Insektenfang. Meist siehst du ihn auf einer Aussichtswarte sitzen, zum Beispiel einem trockenen Ast, einer Bohnenstange oder einem Zaun. Dort wartet er auf Fliegen, Mücken, Schnaken und Schmetterlinge, denen er geschickt hinterherjagt. Meist kehrt er nach erfolgreichem Fang auf seinen Aussichtsposten zurück.

# Die Schwanzmeise

**kommt ganzjährig vor und wird 13 bis 15 cm groß.**

Ein kleiner schwarz-weiß-bräun-
licher Vogel mit einem langen Schwanz
und einem kleinen spitzen Schnabel:
das kann nur die Schwanzmeise sein.
So turnt sie geschickt an den dünnsten
Zweigen, teilweise kopfüber hängend.
Die hohen „Tsi-tsi-tsi"-Rufe oder ein
schnurrendes „Tschrrrt" kündigen
sie oft schon vorher an.

*Streifenköpfige
Schwanzmeise*

*Weißköpfige
Schwanzmeise*

Die Schwanzmeise brütet vor
allem in Laub- und Mischwäldern.
Aber auch in Parks und Gärten mit
viel Unterholz kommt der kleine Fe-
derball vor. Das Nest ist gut getarnt
und wird meist niedrig im dichten
Gebüsch gebaut. Im Winter kannst
du Schwanzmeisen in kleinen Gruppen durch die Gegend ziehen sehen.

## Schau genau hin!

Von der Schwanzmeise gibt es zwei
Varianten. Normalerweise siehst du
Vögel mit einem schwarz-weiß gestreiften Kopf. Im Winter wandern
aber auch aus Ost- und Nordeuropa
Schwanzmeisen zu uns ein. Sie haben einen rein weißen Kopf. Achte
mal im Winter darauf, vielleicht
entdeckst du neben streifenköpfigen
auch weißköpfige Schwanzmeisen.
Dann weißt du genau: Diese Vögel
kommen von weit her!

Wald

## Schon gewusst?

Auch bei Vögeln gibt es Dialekte. Da der Buchfink in ganz Europa verbreitet ist, haben sich im Laufe der Zeit in unterschiedlichen Regionen verschiedene Buchfinkengesänge und -rufe entwickelt. Ein Buchfinken-Experte kann also genau bestimmen, woher der Vogel kommt, wenn er ihn singen oder rufen hört.

# Der Buchfink

kommt das ganze Jahr vor und wird 14 bis 16 cm groß.

Einer unserer häufigsten und hübschesten Vögel ist der Buchfink. Oberkopf und Nacken sind graublau, das Gesicht, Brust und Bauch rostrot. Die schwarzen Flügel haben zwei weiße Binden und der Rücken ist braun. Der Gesang hört sich so an wie „Bin ich nicht ein schöner Bräutigam?". Sonst ruft er oft „pink". Das Weibchen ist insgesamt blasser und brauner gefärbt.

Der Buchfink kommt in allen Wäldern häufig vor, aber auch in Parks, Friedhöfen und Gärten mit ein paar großen Bäumen. Im Winter bilden sich oft große Schwärme, die im Wald nach Bucheckern, Samen und Früchten suchen. Sie kommen aber auch gerne ans Futterhäuschen.

*Buchfink-Weibchen*

# Der Buntspecht

kommt ganzjährig vor und wird 23 bis 24 cm groß.

An seinem schwarz-weißen Gefieder mit den knallroten Unterschwanzdecken erkennst du den Buntspecht. Das Männchen hat zusätzlich noch einen roten Fleck im Nacken. Im Frühling markiert er mit kurzen Trommelwirbeln auf morschem Holz sein Revier. Sonst hörst du meist nur ein kurzes „Kicks-kicks".

## Schon gewusst?

Die Schnabelhiebe auf das harte Holz haben beim Specht keine Kopfschmerzen zur Folge. Der Schädel ist besonders dick und robust. Außerdem ist der Schnabel federnd mit dem Schädel verbunden.

*Treffpunkt am Futterhäuschen*

*Unterschwanzdecke*

Unser häufigster Specht kommt in allen Wäldern und Parks vor. Mit seinem kräftigen Schnabel zimmert er seine Bruthöhle in den Baumstamm. Wenn er nicht am Bauen ist, hämmert er mit dem Schnabel Insektenlarven aus dem morschen Holz, öffnet damit Nüsse oder pult Samen aus den Tannenzapfen, die er vorher in einer Baumritze eingeklemmt hat. Im Winter kommt er auch an die Futterhäuschen.

# Der Schwarzspecht

lässt sich das ganze Jahr über beobachten und wird 40 bis 46 cm lang.

An seinem mattschwarzen Gefieder und dem wuchtigen, hellen Schnabel ist der Schwarzspecht leicht zu erkennen. Der ganze Oberkopf des Männchens ist fast bis zum Schnabel leuchtend rot gefärbt, beim Weibchen erstreckt sich die Rotfärbung nur auf Hinterkopf und Nacken.

## Schon gewusst?

Meist ab Januar, manchmal aber auch schon im Spätherbst, besetzen die Schwarzspechte ihre Reviere. Sie stoßen dabei Kwoih-kwih-kwih-kwih-kwih-wik-Rufe aus und trommeln mit dem Schnabel auf den Stamm. Im März und April wird die Bruthöhle mit dem Schnabel ausgehämmert, meist in einer Höhe zwischen 10 bis 20 m. Verlassene Schwarzspechthöhlen werden von anderen Höhlenbrütern (z.B. Hohltauben, Dohlen, Eulen, Grünspecht, Grauspecht), aber auch von Fledermäusen, Bilchen und Mardern genutzt.

Der Schwarzspecht lebt in lichten Nadel- und Mischwäldern. Seine Brut- und Schlafhöhlen legt er nur in alten, frei stehenden Bäumen mit mehr als 35 cm dicken Stämmen an. Als Nahrung dienen hauptsächlich Ameisen sowie deren Larven und Puppen, auch holzbewohnende Käfer, Raupen, Spinnen und kleine Schnecken werden verspeist.

# Die Singdrossel 🔊

kommt von März bis Oktober vor und wird 20 bis 22 cm groß.

Die Singdrossel ist eine kleine unauffällige Drossel. Mit ihrem braunen Rücken und der hellen Unterseite mit den schwarzen Tupfen ist sie prima getarnt. Ihr Gesang ist wunderschön und leicht zu erkennen, denn die Singdrossel wiederholt ihre kurzen Strophen immer zwei- bis dreimal.

In Wäldern, Parks und auf Friedhöfen brütet die Singdrossel regelmäßig. Sie sucht unauffällig an Waldrändern und Hecken nach Nahrung. Im Oktober fliegt sie zum Überwintern nach West- und Südeuropa und kommt im März wieder zurück.

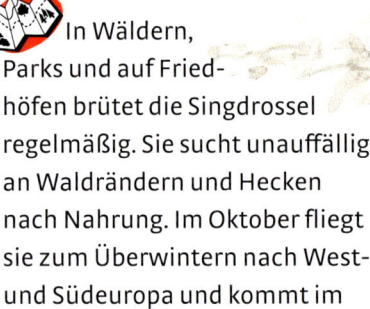

*Wacholderdrossel auf Futtersuche*

## Schon gewusst?

In den letzten 150 Jahren hat eine weitere Drossel unsere Parks, Friedhöfe und Wälder besiedelt, die lautstarke Wacholderdrossel. Aus Sibirien kommend hat sie in kurzer Zeit fast ganz Europa erobert. Mit ihrem grauen Kopf und Bürzel, dem kastanienbraunen Rücken und Flügel und der orangebraun gestrichelten Brust ist sie unsere bunteste und geselligste Drossel, die oft große Schwärme bildet.

# Der Eichelhäher

**kommt ganzjährig vor und wird 32 bis 35 cm groß.**

Mit seinem „Rähhh"-Ruf warnt der Eichelhäher, wenn ein Feind oder Störenfried in sein Reich eindringt. Aber auch an seinem rosabraunen Gefieder mit dem schönen schwarzblauen Flügelfeld kannst du ihn leicht erkennen. Im Flug fallen der schwarze Schwanz und der weiße Bürzel auf.

Der Eichelhäher kommt in verschiedenen Wäldern vor. Hauptsache, es stehen auch genügend Eichen im Wald, in Parks und auf Friedhöfen. Im Herbst frisst dieser Vogel gerne Eicheln, Bucheckern und Früchte. Im Sommer plündert er auch das ein oder andere Singvogelnest.

## Schon gewusst?

Der Eichelhäher wird auch Polizist und Gärtner des Waldes genannt. Polizist, weil er jeden ungeliebten Eindringling entdeckt und mit seinen lauten Rufen verrät. Gärtner, weil er unfreiwillig Bäume pflanzt. Im Herbst vergräbt er nämlich wie das Eichhörnchen viele Eicheln und Nüsse als Wintervorrat. Da er aber nicht alle wiederfindet, können so neue Bäume wachsen.

## Schau genau hin!

Der Größenunterschied von Männchen und Weibchen ist beim Sperber gewaltig. Wenn du sie zusammen siehst, glaubst du kaum, dass sie zusammengehören. Das Weibchen ist fast ein Drittel größer und knapp doppelt so schwer wie das Männchen. So fängt das Männchen vor allem kleinere Singvögel, während das Weibchen auch Beute bis zur Taubengröße fangen kann.

# Der Sperber

kommt ganzjährig vor und wird 29 bis 41 cm groß.

Seinen Namen verdankt der Sperber seinem gestreiften Brustgefieder, was als „gesperbert" bezeichnet wird. Beim kleineren Männchen ist die Unterseite eher orangebraun, beim großen Weibchen weiß-braun gestreift. Außerdem hat das Männchen einen grauen Rücken, das Weibchen einen braunen. Im Vergleich zu Falken sind die Flügel viel breiter und der Schwanz länger. So kann er rasant scharfe Kurven fliegen.

Der Sperber mag abwechslungsreiche Gebiete mit Wäldern, Hecken und Gebüschen. So ist er auch in Parks anzutreffen. Vor allem im Winter kommt er in Städte und Dörfer, denn als reiner Vogelfänger hofft er auf Beute an den Futterstellen.

*Weibchen*

*Männchen*

# Der Kuckuck

kommt von April bis September vor und wird 32 bis 36 cm groß.

Der schlanke Vogel mit den spitzen schmalen Flügeln und dem langen Schwanz sieht ein bisschen aus wie ein Falke. Kopf, Brust und die Oberseite sind grau, der Bauch ist dunkel quer gestreift. An der Stimme ist der Kuckuck am einfachsten zu erkennen, denn er gehört zu den Arten, die im Frühling laut ihren Namen rufen „kuckuck-kuckuck".

Ab Mitte April kannst du den Kuckuck in vielen Landschaften rufen hören, vor allem an Waldrändern, in Heckenlandschaften und in Moorgebieten. Im September macht er sich auf den langen Weg bis nach Zentralafrika.

## Schon gewusst?

Der Kuckuck baut kein eigenes Nest. Er beobachtet sorgfältig, wo andere Singvögel ihre Nester anlegen. Im richtigen Moment fliegt er dann dahin, klaut ein Ei und legt selber sein eigenes Ei hinein. Der Singvogel merkt den Austausch nicht, denn das Kuckucksei sieht den anderen Eiern sehr ähnlich. Das Kuckucksjunge schlüpft meist als erstes und schmeißt sofort die anderen Eier oder auch die Jungen aus dem Nest. Nun wird es von seinen später viel kleineren Adoptiveltern großgezogen. Meist wählt die Kuckucksmutter immer die gleiche Vogelart als Adoptiveltern für ihre Jungen aus, zum Beispiel das Rotkehlchen, den Hausrotschwanz oder den Rohrsänger (siehe Bild).

# Die Waldohreule

kommt ganzjährig vor und wird 31 bis 37 cm groß.

An ihren „Federohren", die sie bei Erregung aufrichtet, kannst du die schlanke Waldohreule gut erkennen. Ansonsten hat sie ein braungeschecktes, baumrindenartiges Gefieder, mit dem sie tagsüber bestens getarnt ist. Im Frühling hörst du nachts im Wald oder Park ihre gedämpften „Uh-uh"-Rufe. Die „Federohren" sind übrigens nur Federbüschel!

Da die Waldohreule nachts im offenen Gelände auf Mäusejagd geht, nistet sie gerne in kleinen Wäldchen, Waldrändern und Feldgehölzen, aber auch in großen Parks und auf Friedhöfen. Meist brütet sie in alten verlassenen Krähen- oder Elsternnestern. Im Winter kommen viele Waldohreulen in die Städte und übernachten gerne zu mehreren in einem dichten Nadelbaum.

*Ästling (= Jungvogel)*

## Schon gewusst?

Eulen verfügen über fantastische Sinnesleistungen. Mit ihren großen, starren Augen können sie nachts drei- bis zehnmal so gut sehen wie ein Mensch. Die Ohren sind so gut, dass sie nicht nur das leiseste Rascheln einer Maus hören, sondern auch genau wissen, wo sie sitzt. So können Eulen ihre Beute zielgenau fangen. Dabei helfen ihnen auch die winzigen Härchen auf ihrem Gefieder, die einen lautlosen Flug ermöglichen.

# Das Buschwindröschen
**giftig**

blüht von März bis Mai und wird 5 bis 25 cm hoch.

Wenn der Winter vorbei ist und die Wälder noch kahl sind, öffnen sich die weißen Blütensterne der Busch-windröschen. Oft bilden sie dann am Waldboden ein ganzes Blüten-meer, das sich leicht im Frühlings-wind wiegt. Achte mal auf die grünen Blätter: Sie wachsen immer zu dritt an einer Stelle des Stängels.

*Die Laub-blätter sitzen zu dritt zusammen.*

*Wurzelstock*

Du findest das Buschwind-röschen, das man auch Anemone nennt, in Laubwäldern, Gebü-schen, aber auch auf Wiesen in den Bergen .

## Finger weg!

Wie viele früh blühende Blumen ist auch das Buschwindröschen giftig. So schützt es sich im noch blattlosen Wald vor hungrigen Mäulern. Auch du solltest die Pflanze daher nicht pflücken. – Übrigens, das Blümchen besitzt eine eigene Vorratskammer mit eingelagerten Nährstoffen, den unterirdischen „Wurzelstock".

# Die Walderdbeere

blüht von Mai bis Juni und wird 5 bis 20 cm hoch.

Die Walderdbeere ist die „wilde" Verwandte der Gartenerdbeere. Ihre Früchte sind viel kleiner, aber schmecken sehr lecker! Die Blüte besteht aus fünf weißen Blütenblättern. Die grünen Blättchen sitzen immer zu dritt an einem Stängel.

*Blütenblatt*

*Walderdbeerfrucht*

*Drei Blättchen bilden ein Laubblatt.*

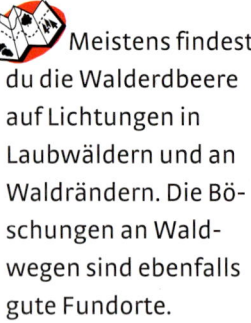

Meistens findest du die Walderdbeere auf Lichtungen in Laubwäldern und an Waldrändern. Die Böschungen an Waldwegen sind ebenfalls gute Fundorte.

## Unser Tipp:

Es macht Spaß, einige Hände voll Walderdbeeren zu sammeln. Sie gehören zu den leckersten Wildfrüchten, weil sie viel Zucker enthalten. Nachdem du sie gewaschen hast, kannst du Eis und Süßspeisen damit verzieren und sie natürlich auch pur essen.

# Der Sauerklee

blüht von April bis Mai und wird 5 bis 15 cm hoch.

An seinen fünf weißen, zarten Blütenblättern kannst du den Sauerklee erkennen. Wenn du ganz genau hinsiehst, kannst du auf ihnen sehr
zarte, rötliche Adern sehen.
Seine grünen Blätter erinnern
zwar an die Blätter des Weißklees, aber diese
beiden Pflanzen sind
nicht miteinander
verwandt.

Den Sauerklee findest
du meistens in größeren
Gruppen in Laub- und Nadelwäldern. Er mag es gern
schattig und feucht.

*Blüte*

*aus-
gebreitetes
Blatt*

*zusammen-
geklapptes
Blatt*

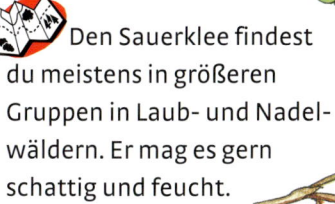

## Schon gewusst?

Der Sauerklee kommt mit ganz wenig
Licht aus. Nur im Schatten fühlt er sich
wohl und breitet seine Blätter aus. Bei
zu viel Licht klappt er seine Blättchen
nach unten zusammen. Dadurch geben
die Blätter weniger Wasser ab.

# Wald

## Unser Tipp:

Mit frischen Waldmeister-pflanzen kannst du eine leckere Bowle machen: Dazu musst du ihn allerdings pflücken, bevor er blüht. Du nimmst ein Sträußchen Waldmeister und hängst es in ein Bowlegefäß. In das Gefäß schüttest du einen Liter Apfelsaft und gibst 150 g Zucker oder Honig hinzu. Das Ganze sollte einige Stunden im Kühlschrank ziehen. Dann entfernst du das Sträußchen und gießt einen Liter sprudelndes Mineralwasser dazu, fertig!

Waldmeister findest du meistens in Laubwäldern, vor allem unter Buchen auf kalkreichem Boden. Die Pflanzen bedecken den Waldboden wie ein großer, grüner Teppich.

# Der Waldmeister

blüht von April bis Mai und wird 5 bis 25 cm hoch.

An den unverzweigten Stielen des Waldmeisters bilden jeweils sechs bis acht schmale Blätter einen Kreis. Die winzigen Blüten an der Spitze des Stiels haben vier Blütenblättchen. Sie sehen aus wie ein weißes Kreuzchen.

*Ein Kreis besteht aus sechs bis acht Blättchen. Die Kreise sind in Etagen angeordnet.*

# Der Bärlauch

blüht von April bis Juni und wird 15 bis 50 cm hoch.

Beim Bärlauch – da gehe immer der Nase nach. Er verströmt einen sehr kräftigen Knoblauchgeruch, vor allem, wenn hunderte von Bärlauchpflanzen den Waldboden überziehen. Die einzelnen Blüten sehen aus wie kleine Sterne mit sechs weißen Strahlen. 10 bis 25 einzelne Blütchen bilden gemeinsam einen schönen Blütenstand.

Die Pflanze wächst in vielen Laubwäldern. Sie steht dort meistens an etwas schattigen und feuchten Stellen.

*Blätter riechen stark nach Knoblauch.*

*Zwiebel*

## Unser Tipp:

Ernte von Pflanzen, die noch nicht blühen, einige Blätter. Zerschneide sie in dünne Streifen und gib sie in eine Suppe, einen Salat oder in einen Kräuterquark. Mancher Feinschmecker mag den Bärlauch viel lieber als die Küchenzwiebel und den Knoblauch.

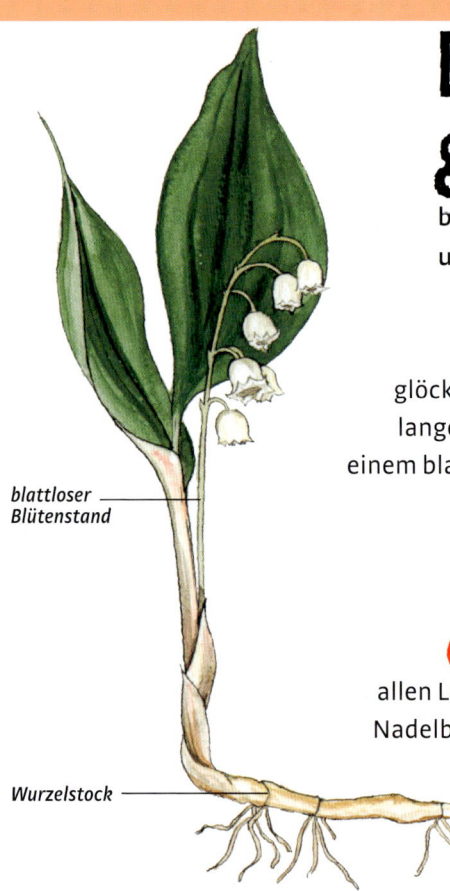

# Das Mai-glöckchen

☠ *Beeren giftig*

blüht von Mai bis Juni
und wird 10 bis 25 cm hoch.

blattloser Blütenstand

Wurzelstock

Du erkennst das Mai-glöckchen an den zwei großen Blättern, lange bevor es blüht. Die Blüten sind an einem blattlosen Stiel aufgereiht und sehen aus wie kleine Glocken. Sie duften sehr angenehm.

Maiglöckchen gibt es fast in allen Laubwäldern, seltener jedoch unter Nadelbäumen. Sie blühen deutlich später als Scharbockskraut und Buschwindröschen.

## Finger weg!

Im Sommer treten an die Stelle der Blüten kleine rote Beeren. Sie sind recht auffällig und verlockend schön. Aber Finger weg! Auf keinen Fall probieren! Die Beeren sind giftig und für den Menschen gefährlich. Lass sie den Vögeln, denen das Gift nichts ausmacht.

*Vorsicht:
Die roten Beeren
sind giftig!*

# Das Scharbocks-kraut

## Finger weg!

Das frische Kraut enthält reichlich Vitamin C, allerdings auch andere ungenießbare Stoffe. Deshalb solltest du die Pflanze auf keinen Fall essen. Das Scharbockskraut bringt übrigens nur selten Samen hervor. Für seine starke Vermehrung sorgen vielmehr unterirdische Knollen und die sogenannten Brutknöllchen in den Achseln der Laubblätter.

blüht von März bis Mai und wird 5 bis 15 cm hoch.  *giftig*

Das Scharbockskraut erkennst du an seinen dottergelben Blüten. Gemeinsam mit dem Buschwindröschen gehört es zu den ersten Frühlingsblumen im Wald. Die Blüten des Scharbockskrauts sehen aus wie Sternchen mit sechs bis zwölf Blütenblättern.

Es wächst vor allem in Laubwäldern. Du kannst das Scharbockskraut aber auch in Gärten und auf etwas beschatteten Wiesen finden.

*Die dottergelben Blütenblätter sind in Sternchenform angeordnet.*

*In den Blattachseln sitzen die so genannten Brutknöllchen.*

## Mach mit!

Das Besondere am Springkraut sind die Samenkapseln. Wenn du besonders dicke Samenkapseln berührst und vorsichtig darauf drückst, schleudern sie die Samen heraus. Menschen, Tiere oder Bewegungen durch den Wind sind also nötig, damit die Kapseln aufplatzen und sich die Samen möglichst weit verbreiten können.

# Das Springkraut

blüht von Juli bis Oktober
und wird 50 bis 100 cm hoch.

Das Springkraut erkennst du an seinen großen gelben Blüten. Sie haben einen nach unten gebogenen Sporn. Jede Blüte hängt einzeln unter einem grünen Blatt wie unter einem Regenschirm.

Du findest diese Pflanze in feuchten Laubwäldern, aber auch an Quellen, Bächen und an nassen Waldwegen.

*Sporn an gelber Blüte*

*Samenkapsel*

*Die reife Kapsel (oben) schleudert bei Berührung die Samen heraus (unten).*

# Die Hohe Schlüsselblume

blüht von März bis Mai und wird 10 bis 30 cm hoch.

Die hellgelben Blüten der Hohen Schlüsselblume sehen aus wie Tellerchen an langen Stielen. Sie duften nicht. Die grünen Blätter entspringen direkt am Boden.

Du findest sie meistens in feuchten Laubwäldern, häufig am Rand von Gräben und Bächen.

*blattloser Stängel*

*Die Blätter entspringen am Boden.*

## Schon gewusst?

Die Hohe Schlüsselblume hat hellgelbe, nicht-duftende Blüten. Die Blüten der Echten Schlüsselblume sind dagegen dottergelb. Schlüsselblumen werden auch „Primeln" genannt. „Primus" ist lateinisch und heißt „der Erste". Die Primeln gehören zu den ersten Blumen, die nach dem Winter blühen.

# Das Waldweidenröschen

blüht von Juni bis August und wird 50 cm bis 1,80 m hoch.

Die weinroten Blüten des Waldweidenrös-
chens sehen tatsächlich wie Röschen aus. Über
100 einzelne Blüten schmücken jede Stängelspit-
ze. Die Pflanzen bilden oft ein einziges Blüten-
meer. Sind die Blüten verwelkt, wachsen an den
Stellen längliche Kapseln. Die Laubblätter sehen
so ähnlich aus wie Weidenblätter, daher
kommt der Name.

*Knospe*

*Samenkapsel*

Das Waldweidenröschen ist ursprünglich an lichten Stellen im Wald zu Hause.
Du kannst seine Blüten aber auch in der
Stadt auf Grundstücken leuchten sehen,
die gerade nicht genutzt werden.

Zunächst ist die Samenkapsel geschlossen (links).
Wenn die Samen reif sind, öffnet sie sich (rechts).

## Schon gewusst?

Das Waldweidenröschen kann sich sehr schnell
ausbreiten, wenn es irgendwo eine freie sonnige
Stelle findet. In den rötlichen Kapseln der Pflan-
ze reifen viele tausend Samen heran. Jedes
Samenkorn hat einen Haarschopf und kann vom
Wind kilometerweit weggetragen werden.

# Der Rote Fingerhut

**sehr giftig**

blüht von Juni bis August
und wird 30 cm bis 1,50 m hoch.

## Finger weg!

Die Pflanze ist sehr giftig! Sie enthält Stoffe, die bewirken können, dass das Herz eines Menschen aufhört zu schlagen. Doch Forscher und Ärzte haben herausgefunden, dass diese Stoffe bei Menschen mit Herzschwäche auch sehr gut gegen diese Krankheit helfen können. Die Medikamente enthalten diese Stoffe aber nur in ganz geringen Mengen.

Seinen Namen verdankt der Rote Fingerhut der Form seiner Blüte. Viele purpurrote Blüten sitzen am oberen Ende des Stängels, immer mit der Öffnung nach unten. Im Inneren der Blüten siehst du rotviolette Flecken mit einem weißen Rand. Das sind die sogenannten Saftmale. Wie Verkehrsschilder zeigen sie den Insekten den Weg zum Nektar.

Den Roten Fingerhut findest du vor allem in den Mittelgebirgen. Er wächst auf Waldlichtungen von Laub- und Nadelwäldern.

*Hummeln sind gern gesehene Blütenbesucher des Fingerhuts.*

# Das Leberblümchen  giftig

blüht von März bis Mai und wird 5 bis 15 cm hoch.

Diese Pflanze erkennst du an ihren sternför-
migen blauen Blüten. Die dunkelgrünen
Blätter sind sehr fest und fühlen sich
fast so an wie Leder. Das
Leberblümchen behält
auch über den Winter sei-
ne Blätter, die sich dann allerdings oft bräunlich verfärben.

Das Leberblümchen
findest du in Laubwäldern.
Doch du musst genau hin-
schauen: Zwischen dem
braunen Laub ist es leicht
zu übersehen.

sternförmige
Blüte

leberförmiges Blatt

## Finger weg!

Kaum zu glauben, aber auch das kleine
Leberblümchen ist giftig. Also Finger weg!
Schau mal – die Form seiner Blätter erinnert
ein wenig an die Gestalt der menschlichen
Leber. So kam diese Blume zu ihrem Namen.

## Schon gewusst?

Der Nektar des Wald-Veilchens befindet sich im Sporn. Nur die Insekten, die einen langen Saugrüssel haben, können davon trinken. Damit die Blütenbesucher die süße Kost leichter finden, zeigen ihnen feine dunkle Linien auf der Innenseite der Blüten den Weg.

# Die wilden Veilchen

blühen von März bis Mai
und werden 5 bis 20 cm hoch.

*Zwei Blütenblätter zeigen nach oben,*

*drei nach unten.*

Es gibt mehrere Veilchen-Arten, die einander sehr ähnlich sind. Ihre Blüten sind „veilchenblau" und haben zwei nach oben und drei nach unten gerichtete Blütenblätter. Während das März-Veilchen angenehm duftet, sind die anderen duftlos.

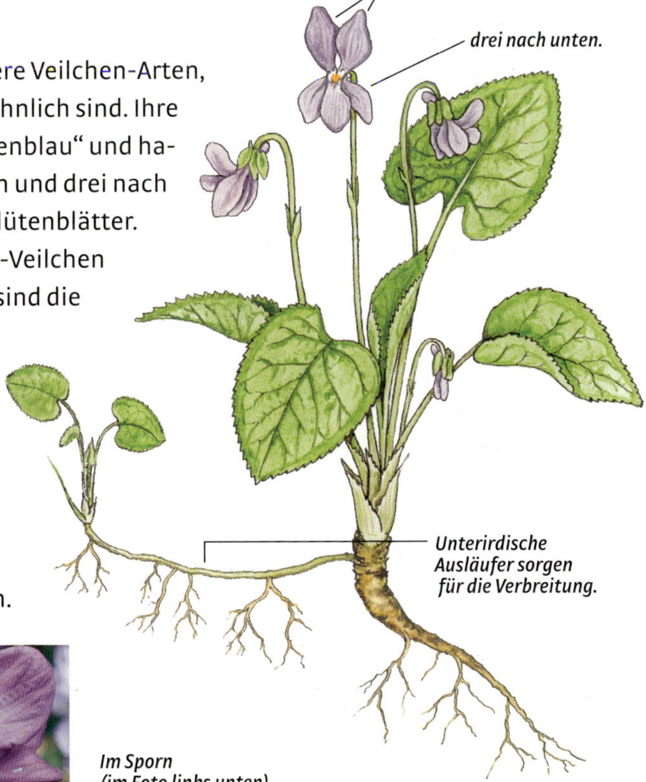

Das Wald-Veilchen wächst in Laubwäldern, das März-Veilchen meistens in Hecken.

*Unterirdische Ausläufer sorgen für die Verbreitung.*

*Im Sporn (im Foto links unten) der Blüte befindet sich der Nektar.*

# Das Lungenkraut

ältere
Blüte

blüht von März bis Mai und wird 10 bis 30 cm hoch.

junge
Blüte

Nebeneinander findest du auf einem Blütenstängel des Lungenkrauts sowohl hellrosa als auch blauviolette Blüten. Die grünen Laubblätter sind rau behaart und manchmal hell getupft.

Das Lungenkraut wächst zusammen mit vielen anderen früh blühenden Pflanzen in manchen Buchen- und Eichenwäldern.

Die rosa Blüten sind immer die jüngeren.

## Schon gewusst?

Die verschiedenfarbigen Blüten erleichtern Insekten die Suche nach Nektar: Die helleren rosafarbenen Blüten sind gerade erst aufgeblüht, hier findet eine durstige Hummel bestimmt noch viel Nektar. Die dunkleren violetten Blüten dagegen sind schon länger geöffnet. Hier gibt es wahrscheinlich kaum noch Nektar, weil schon viele Hungrige ihren Appetit daran gestillt haben.

Wald

# Der Aronstab

blüht von April bis Juni
und wird 10 bis 40 cm hoch.

*sehr giftig*

## Finger weg!

Der Aronstab ist sehr giftig, vor allem seine roten Beeren! Also Finger weg! – Wusstest du übrigens, dass die Pflanze einen Trick benutzt, um ihren Blütenstaub zu verteilen? Kleine Insekten, die durch ihren Geruch angelockt werden, rutschen an dem großen Blatt herunter. Sie landen im pollenreichen Kessel. Heraus können die Tiere erst wieder, wenn der Aronstab verwelkt ist.

Den giftigen, Aronstab erkennst du an seiner auffälligen Gestalt: ein einzelnes, großes, hellgrünes Blatt, das an eine Tüte erinnert, und ein einzelner braunroter Kolben, der daraus hervorschaut. Wenn der Aronstab Früchte trägt, sieht er wieder völlig anders aus. Dann bleibt nur noch ein dicker grüner Stängel, an dessen Spitze giftige, rote Beeren sitzen.

Du findest den Aronstab vor allem in Laubwäldern und Gebüschen, in denen auch viele andere Frühlingsblumen blühen.

*braunroter Kolben*

*Der Kessel wird zur Insektenfalle.*

*Die giftigen, roten Beeren erscheinen im Spätsommer.*

# Die Tollkirsche  *sehr giftig*

blüht von Juni bis August und wird 50 cm bis 1,50 m hoch.

Die Blüten der Tollkirsche sind grün-violett und hängen wie Glöckchen herab. Doch viel auffälliger sind die glänzenden schwarzen Beeren. Diese Pflanze solltest du unbedingt kennen lernen. Sie ist die giftigste unserer heimischen Pflanzen. Alles an ihr ist giftig, daher solltest du sie auf gar keinen Fall anfassen!

Die Tollkirsche wächst vor allem auf Waldlichtungen und an Waldrändern.

Beere

Blüte

*Vorsicht! Die schwarzen Beeren der Tollkirsche sind tödlich giftig!*

## Finger weg!

Die Beeren der Tollkirsche sind besonders heimtückisch, denn sie sehen so verlockend aus und schmecken nicht mal unangenehm. Doch du darfst sie auf gar keinen Fall probieren! Schon wenige Beeren haben eine tödliche Wirkung! Nur der Notarzt kann vielleicht noch helfen.

# Die Rot-Buche

blüht im April/Mai und wird bis zu 40 m groß.

Die eiförmigen Blätter mit dem welligen Rand sind im Frühjahr leicht behaart, später glatt und glänzend. Eine graue, glatte und glänzende Rinde umgibt den Stamm. Die drei-kantigen Früchte, die Bucheckern, kennt dagegen jeder. Die Bucheckern schmecken leicht nussig und werden von vielen Tieren (Mäusen, Eichhörnchen, Bergfinken etc.) gefressen. Zu viele solltest du aber nicht davon essen, da sie ein leichtes Gift enthalten.

*Bucheckern mit stacheliger Fruchthülse*

Die Rot-Buche ist der häufigste Laubbaum in unseren Wäldern. Du findest sie überall, vom Flachland bis in die Berge.

# Der Faulbaum

*leicht giftig*

blüht von April bis August und wird bis zu 7 m groß.

Der kleine Baum oder Strauch hat breite eiförmige Blätter mit einer meist stumpfen Spitze. Seinen Namen verdankt der Faulbaum der unangenehm riechenden Rinde. Eher unscheinbar sind die kleinen grünlich weißen, glockenförmigen Blüten. Manchmal blühen diese noch, während der Baum schon seine rot-schwarzen Früchte trägt. Diese wurden früher zum Färben von Stoffen benutzt. Sie ergeben einen gelben Farbton.

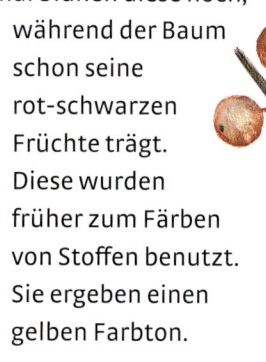

## Schon gewusst?

Der Faulbaum wird auch Pulverholz genannt. Früher war das Holz sehr begehrt, da die Holzkohle des Faulbaumes für die Herstellung von Schießpulver gebraucht wurde.

*Mit dem Schießpulver wurden Kanonen abgefeuert.*

Den Faulbaum findet man häufig an Waldrändern, in Hecken und in Auwäldern. Er mag feuchte, nährstoffarme Böden.

# Der Blutrote Hartriegel

schwach
giftig

## Schon gewusst?

Im Gegensatz zu den leicht giftigen Blättern und der giftigen Rinde sind die reifen, etwa erbsengroßen schwarzen Früchte essbar. Sie schmecken aber bitter und wurden früher nur zu Marmelade verarbeitet. Du solltest sie lieber den Vögeln überlassen.

blüht im Mai/Juni und wird 2 bis 5 m groß.

Seinen Namen verdankt der Blutrote Hartriegel der Herbstfärbung seiner Blätter und den roten Zweigen der jungen Triebe, die besonders im Winter auffallen. Die Blätter ähneln der Kornelkirsche, haben aber einen welligen Blattrand. Ab Mai schmücken die stark riechenden, weißen Blüten den Strauch.

*Roter Stängel*

Der Blutrote Hartriegel ist häufig und weit verbreitet. Du findest ihn leicht an Waldrändern und in Hecken, Gebüschen und lichten Wäldern.

# Die Vogel-Kirsche

wird auch Süß-Kirsche genannt, sie blüht im April/Mai und wird bis zu 25 m groß.

Die roten leckeren Süßkirschen sind unverwechselbar. Ihre Wildform, die Vogel-Kirsche hat dagegen kleine, etwas bittere Früchte. Die weißen, fünfblättrigen Blüten und die eiförmigen, länglichen Blätter sehen bei beiden Formen gleich aus. Die Blüten treiben vor den Blättern aus. Die Rinde ist rotbraun-glänzend und lässt sich in waagrechten Streifen ablösen.

## Mach mit!

Mit den Kirschkernen kannst du nicht nur mit deinen Freunden um die Wette spucken, du kannst sie auch sammeln, schön sauber kochen und in einem kleinen Säckchen als wärmendes Kirschkernkissen benutzen. Oder du legst sie im Winter für den Kernbeißer ins Futterhäuschen.

Die Vogel-Kirsche wächst an Waldrändern, in Feldgehölzen und lockeren Laubwäldern. In Gärten und Obstwiesen findest du die Süß-Kirsche.

*Kernbeißer*

# Die Berg-Ulme

blüht im Februar/April
und wird bis zu
40 m groß.

*Ungleicher Blattgrund*

Ulmenblätter erkennst du leicht an dem ungleichen Blattgrund. Die großen ovalen Blätter der Berg-Ulme sind vorne am breitesten und haben oft drei Spitzen. Die Blattoberseite fühlt sich ganz rau an. Die unauffälligen Blüten erscheinen im Frühling schon lange vor den Blättern.

Die Samen sind ringsherum geflügelt und sehen aus wie eine Scheibe. So können sie vom Wind weit getragen werden.

Wie der Name schon sagt, kommt die Berg-Ulme vor allem in den Mittelgebirgen vor. Dort steht sie in schattigen Hangwäldern. Im Flachland findet man sie nur selten, hier vor allem als Parkbaum.

# Die Hainbuche

blüht im April/Mai und wird 25 bis 30 m groß.

Die Blätter der Hainbuche sind eiförmig und vorne zugespitzt. An den Blattnerven ist das Blatt leicht gefaltet, wie bei einer Wellpappe. Im Herbst fallen die braunen Blätter nicht ab, sondern bleiben bis in den Winter am Baum hängen. Die männlichen und weiblichen Blütenkätzchen fallen im Frühjahr kaum auf. Dagegen sind die herunterhängenden Fruchtstände leicht zu erkennen.

*Geflügelter Samen*

## Schon gewusst?

Das helle Holz der Hainbuche ist nach dem Speierling das härteste und schwerste Holz. Trotzdem ist es noch recht biegsam. Wegen dieser besonderen Eigenschaften wird das Holz oft für Werkzeugstiele, Dreschflegel, Hobel, Holzhämmer und hölzerne Maschinenteile genutzt.

Die Hainbuche ist ein recht häufiger Baum in unseren Laubwäldern. Auch in Parks und Gärten kommt sie zahlreich vor, und da sie sich gut beschneiden lässt, wird sie gerne als Gartenhecke angepflanzt.

# Der Spitz-Ahorn

blüht im April/Mai und wird
15 bis 30 m groß.

Der Spitz-Ahorn hat große, handförmig gelappte Blätter. Die Blattenden sind lang und spitz. Wenn du den Blattstiel anschneidest, tritt Milchsaft aus. Im Frühjahr erscheinen die gelblich grünen Blüten vor den Blättern. Die schwach gewinkelten Flügelfrüchte fallen häufig erst nach den Blättern ab.

## Schon gewusst?

Werden im Herbst die Tage kürzer und die Nächte kälter, bereiten sich die Bäume auf den Winter vor. Sie ziehen alle wichtigen Nährstoffe aus den Blättern heraus und lagern sie in den Wurzeln, im Stamm und in den Knospen ein. Zurück bleiben die roten und gelben Blattfarbstoffe. Besonders das Laub der Ahornbäume ist dann sehr farbenprächtig.

*Spielen im Herbstlaub –*
*das macht Spaß!*

Früchte schwach
gewinkelt

Der Spitz-Ahorn kommt in leicht feuchten und nährstoffreichen Wäldern vor. In Gärten und Parks wird dieser große Baum gerne angepflanzt.

# Der Berg-Ahorn

blüht im April/Mai und wird 20 bis 30 m groß.

Die großen fünflappigen Blätter sind am Blattrand etwas gesägt und haben nur kurze Spitzen. Die traubenartigen Blütenstände wachsen, sobald die Blätter ausschlagen oder kurz danach. Erst im November oder Dezember fallen die gewinkelten Flügelfrüchte ab.

*Früchte stark gewinkelt*

Wie der Name schon sagt, wächst der Berg-Ahorn vor allem in den Mittelgebirgen und in den Alpen fast bis zur Baumgrenze. Er mag kühle und feuchte Luft. Du findest ihn aber auch in normalen Laubwäldern, als Alleebaum oder in Parks.

## Mach mit!

Mit Blättern kannst du prima basteln. Als Erstes brauchst du ein paar bunte Blätter, die du dir im Wald, Garten oder Park suchst. Aus diesen Blättern kannst du fantasievolle Collagen auf Papier kleben. Oder du machst einen Blätterdruck. Dafür malst du die eine Seite mit Wasser- oder Fingerfarben an und drückst sie aufs Papier. Sehr hübsch sieht auch die Spritztechnik mit der Zahnbürste aus. Hierbei spritzt du mit der Zahnbürste Farbe über das Blatt. Zurück bleibt ein schöner Umriss. So kannst du dein eigenes Briefpapier dekorieren.

# Die Gemeine Esche

blüht im April bis Mai und wird bis zu 40 m groß.

Das Blatt der Esche besteht aus neun bis 13 Fiederblättchen. Die Fiederblättchen sind länglich eiförmig und am Blattrand gesägt. Schon vor dem Blattaustrieb erscheinen die unscheinbaren Blüten. Die Fruchtstände hängen in Rispen bis weit in den Winter am Baum. Die Flügelnüsschen sind wie beim Ahorn Schraubenflieger und werden mit dem Wind verbreitet. Im Winter sind auch die schwarzen Knospen sehr auffällig.

## Schon gewusst?

Die Gemeine Esche ist der Laubbaum in Deutschland, der mit 40 Metern am höchsten wächst. Höher als ca. 130 m wird kein Baum, da das Wasser nicht mehr in solche Höhen gesaugt werden kann. Über die Blätter verdunstet der Baum ständig Wasser, das dann aus den Wurzeln über den Stamm wieder nach oben gesaugt werden muss. Ab einer bestimmten Höhe ist das nicht mehr möglich.

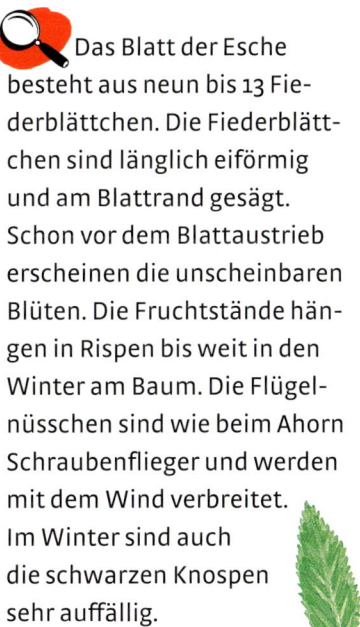

Geflügelte Samen

Die gemeine Esche bevorzugt feuchte Böden, weshalb sie gerne in Auwäldern, feuchten Tälern und Schluchten wächst. Auch in Parks wird sie gerne angepflanzt.

# Die Trauben-Eiche

*Eicheln leicht giftig*

blüht im April/Mai und wird 20 bis 40 m groß.

Die acht bis zwölf Zentimeter langen Blätter sind symmetrisch und haben meist fünf bis sieben kleine, rundliche Lappen. Der Baum blüht sehr unauffällig kurz nach dem Austrieb der Blätter. Umso auffälliger sind die Früchte, die Eicheln. Sie sitzen zu mehreren fast ohne Stiel zusammen und sehen aus wie Trauben. Daher kommt der Name.

Die Trauben-Eiche ist in den Wäldern weit verbreitet und wird auch in Parks und Friedhöfen gerne gepflanzt.

## Schau genau hin!

Auf der Blattunterseite findest du manchmal rundliche Kugeln. Hier hat eine Eichengallwespe ein Ei gelegt, was dazu führt, dass der Baum diese runden Eichengallen bildet. Eine Eichengalle besteht zur Hälfte aus Gerbsäure. Daraus wurde früher, mithilfe einer eisenhaltigen Substanz (Eisenvitriol), schwarze Tinte hergestellt.

*Eichengalle am Blatt*

# Die Stiel-Eiche

☠ *Eicheln leicht giftig*

blüht im April/Mai und wird 20 bis 40 m groß.

Die Blätter sind der Trauben-Eiche sehr ähnlich, sie sind aber nicht so symmetrisch und die Buchten sind tiefer eingeschnitten. Die unscheinbaren Blüten erscheinen kurz nach dem Austrieb des Laubes. Die Eicheln haben einen langen Stiel, woher der Baum auch seinen Namen hat.

*Langer Stiel*

## Schau genau hin!

Eichen können über 1000 Jahre alt werden, so alt wird kaum ein anderer heimischer Laubbaum. Das Alter eines Baumes stellst du anhand der Jahresringe im Holz fest. Schau dir einmal einen frisch gefällten Baumstumpf an, dort erkennst du die Wachstumsringe. Helle und dunkle Ringe wechseln sich ab. Im Frühjahr und Sommer wächst der Baum sehr stark und das Holz ist heller, im Herbst wächst der Baum dagegen nur sehr langsam und der Ring ist daher dunkler.

In unseren Wäldern wirst du die Stiel-Eiche häufig finden, ebenso wie in Parkanlagen und auf Friedhöfen.

# Die Gemeine Fichte

blüht im Mai bis Juni und wird bis zu 50 m groß.

Die vierkantigen Nadeln sind sehr starr und spitz und wachsen dicht schraubig um den Zweig. Die männlichen und weiblichen Blütenstände befinden sich an den oberen Zweigen. Im Gegensatz zu den Tannen hängen die Zapfen nach unten. Die Fichte kann 60 m hoch werden und ist damit unser größter heimischer Baum.

Natürlicherweise kommt die Fichte in den Gebirgsregionen oberhalb von 800 m vor. Die Fichte ist leicht anzupflanzen und hat den höchsten Holzertrag. Das hat dazu geführt, dass heutzutage ca. ein Drittel des Waldes aus Fichten besteht und sie zum häufigsten Baum in Deutschland geworden ist.

## Schau genau hin!

Schau dir einmal die heruntergefallenen Fichtenzapfen genauer an. Einige von ihnen sind von Tieren angenagt worden. Anhand der Fraßspuren kannst du erkennen, wer den Zapfen bearbeitet hat. Mäuse nagen die Schuppen fein säuberlich ab, um an die Samen heranzukommen. Bei Eichhörnchen stehen noch Fasern ab, und bei Spechten sind die meisten Schuppen noch dran, sehen aber sehr zerhackt aus.

# Die Weiß-Tanne

blüht im April und wird bis zu 50 m groß.

## Schon gewusst?

Bekannt ist die Weiß-Tanne auch durch den etwas herb schmeckenden Tannenhonig. Den Honig sammeln die Bienen aber nicht von den Blüten, sondern von Blattläusen. Die Blattläuse bohren ihren Rüssel in die Tanne und saugen den Baumsaft. Einen Teil des süßlichen Saftes scheiden sie wieder aus – den Honigtau. Dieser wird von den Bienen eingesammelt und zu Honig verarbeitet.

Im Gegensatz zur piksenden Fichte sind die abgeflachten Nadelblätter der Weiß-Tanne weich. Oben sind die Nadeln dunkelgrün, auf der Unterseite haben sie zwei silberne Streifen. Die Zapfen stehen wie Kerzen am Weihnachtsbaum aufrecht am Ast. Ihren Namen hat sie von der hellgrauen Rinde.

*Fleißige Bienen*

In den Mittelgebirgen von Süddeutschland und den Alpen ist die Weiß-Tanne ein typischer Baum. Der Schwarzwald verdankt seinem Namen den dunklen Tannenwäldern. Leider ist die Weiß-Tanne sehr empfindlich. So sind durch die Luftverschmutzung große Tannenbestände abgestorben.

# Lebensraum Gewässer

Bestimmen mit dem Kosmos-Farbcode

**Der Feuersalamander**
Seite 183

**Die Erdkröte**
Seite 184

**Der Grasfrosch**
Seite 185

**Die Blässralle**
Seite 189

**Das Teichhuhn**
Seite 190

**Die Stockente**
Seite 191

**Der Graureiher**
Seite 195

**Die Weiße Seerose**
Seite 196

**Der Riesen-Bärenklau**
Seite 197

**Die Trauben-Kirsche**
Seite 201

**Die Silber-Weide**
Seite 202

**Die Bruch-Weide**
Seite 203

# Die Blauflügel-Prachtlibelle

fliegt zwischen April und September und erreicht eine Flügelspannweite von 6,5 bis 7 cm.

Bei den Männchen der Blauflügel-Prachtlibelle sind die breiten Flügel blau, bei den Weibchen bräunlich bis kupferfarben. Die Unterseite der letzten drei Hinterleibsabschnitte ist leuchtend rot.

## Schon gewusst?

Zwischen sechs und neun Wochen dauert es, bis sich die Larven zur flugfähigen Libelle entwickelt haben. Die Entwicklung umfasst zehn bis zwölf Larvenstadien, zwischen denen sich die Larve häutet. Bei der letzten Häutung platzt die Rückennaht auf. Das flugfähige Insekt zwängt zuerst seinen Oberkörper, dann Beine und Hinterleib heraus, klettert an Wasserpflanzen empor und verlässt das Gewässer.

Die Larven der Blauflügel-Prachtlibelle leben meist in kühlen, langsam fließenden, pflanzenreichen Bächen und Flüssen. Dort klammern sie sich zwischen angeschwemmtem Laub oder an Pflanzenwurzeln und -stängeln fest. Die ausgewachsenen Prachtlibellen kann man am besten in Gewässernähe beobachten. Auf hohen Uferpflanzen oder Sträuchern ruhen sie sich aus.

# Die Blaugrüne Mosaikjungfer

fliegt zwischen Juli bis Oktober und erreicht Flügelspannweiten von 9,5 bis 11 cm.

Die Blaugrüne Mosaikjungfer zählt zu den Libellen und hat große geaderte Vorder- und Hinterflügel. Beide Flügelpaare lassen sich auch unabhängig voneinander bewegen. Die Brust ist gelbgrün mit schwarzer Zeichnung. Der Rücken ist mit ovalen grünen Flecken bedeckt, der Hinterleib der Männchen ist schwarz mit grünen Flecken auf der Oberseite. Das Männchen hat auf der Unterseite blaue Flecken.

## Schon gewusst?

Die Weibchen legen ihre Eier in Wasserpflanzen oder an Holzstücken am Gewässerufer ab. Die Entwicklung der Larven, die im Gewässer überwintern, dauert zwei bis drei Jahre. Nachdem die fertige Libelle aus dem Rücken der Larve geschlüpft ist, bleibt nur noch eine leere Hülle zurück.

Die Larven der Blaugrünen Mosaikjungfer leben im Wasser. Sie ernähren sich von kleinen Wassertieren (z.B. Mückenlarven) und im letzten Stadium ihrer Entwicklung auch von kleinen Fischen. Die Larven leben in stillen Weihern und Teichen. Die flugfähige Libelle jagt kleinere Fluginsekten, die mit den langen Beinen eingefangen und von den kräftigen Kiefernzangen zerkleinert werden.

# Der Teichmolch

ist zwischen Februar und November aktiv und wird (mit Schwanz)
11 cm lang.

Die Haut des Teichmolchs
ist gelbbraun bis schwarzgrau
gefärbt. Der Bauch ist hell orange mit
dunklen Punkten. Beim Männchen verändert sich
das Aussehen in der Balzzeit: Ein hoher, gewellter bis
gezackter Hautkamm wird ausgebildet.

Teichmolche leben bevorzugt in Grünland, Hecken und
an Waldrändern. Auch in Gärten
und Parks kann man sie finden.
Nachts gehen die Tiere auf Nahrungssuche und jagen Kleintiere
wie z.B. Wasserflöhe, tagsüber
verstecken sie sich unter Steinen,
Laub oder Wurzeln. Als Laichgewässer dienen kleine, besonnte
und pflanzenreiche Tümpel, Weiher
und Gräben. Spätestens im Juli verlassen die meisten Teichmolche
das Gewässer und gehen an Land.
Im Herbst ziehen sie sich in ein
frostsicheres Versteck zurück.

## Schon gewusst?

Bei der Eiablage heftet
das Teichmolch-Weibchen zwischen
200 und 300 einzelne,
bräunliche Eier mit
einem Durchmesser
von 1,3 bis 1,8 mm an
Wasserpflanzen
oder Falllaub. Dabei
faltet es mithilfe
der Hinterbeine
Taschen in die
Pflanzenblätter
und wickelt die Eier
sozusagen ein. Aus den
Eiern entwickeln sich Larven. Sie
schwimmen im Wasser umher und
ernähren sich von Kleinstlebewesen.

# Der Feuersalamander

ist meist zwischen März und Oktober/November aktiv und wird (mit Schwanz) 23 cm lang.

Der Feuersalamander hat einen lang gestreckten Körper und einen runden Schwanz. Mit den kurzen Beinen kann er ziemlich schnell laufen. Unverwechselbar ist seine glatte, lackglänzende schwarze Haut mit der gelben Fleckenzeichnung, die wie ein Warnsignal wirkt. Auf dem Rücken und an den Flanken befinden sich Drüsen, die ein Hautgift absondern können. Es soll Fressfeinde und Hautschädlinge abwehren.

## Schon gewusst?

Im Unterschied zu den meisten anderen Amphibienarten setzen Feuersalamander-Weibchen nicht Eier, sondern Larven ins Wasser ab. Diese atmen mit äußeren Kiemen und entwickeln sich im Verlauf von drei Monaten zum lungenatmenden Jungsalamander.

Ausgewachsene Feuersalamander leben in Laub- und Mischwäldern. Die Nahrung besteht aus kleinen Bodentieren wie Nacktschnecken, Würmern und Insektenlarven. Als Tagesversteck dienen kühle, feuchte Schlupfwinkel wie Steine, Baumstämme oder Erdlöcher. Langsam fließende, kühle Waldbäche und Tümpel werden bevorzugt als Laichgewässer genutzt. Zur Überwinterung suchen die Tiere frostfreie Bodenverstecke, Höhlen und Felsspalten auf.

*Feuersalamander sind ganz unterschiedlich gezeichnet.*

# Die Erdkröte

ist zwischen März und Oktober
aktiv und wird 9 bis 11 cm lang.

Im Unterschied zu den Fröschen
besitzen Kröten kurze Beine und eine
trockene Haut, die mit Warzen übersät ist. In diese Warzen münden Drü-
sen, die Hautgifte absondern. Durch das Gift sind die Kröten vor Fressfeinden und Hautschädlingen geschützt. Die Oberseite der Erdkröte ist
meist grau- bis rotbraun, manch-
mal auch beige oder schwarzbraun gefärbt.

## Schon gewusst?

Wie der Grasfrosch zählt auch die
Erdkröte zu den Frühlaichern, die
sich schon ab März in ihren Laichge-
wässern paaren. Die Rufe der Männchen klingen wie ein leises „oäck,
oäck, oäck". Die schwarzen Eier werden in Form von 5 bis 8 mm dicken
Laichschnüren ins Wasser abgegeben, die bis zu 5 m lang werden
können.

Im Sommer halten sich die
ausgewachsenen Erdkröten bevorzugt in Laub- und Mischwäldern oder in Landschaften
mit Hecken und Büschen auf.
Tagsüber verstecken sich die
Tiere unter Steinen, Holz, Laub
oder in verlassenen Mäuse-
löchern. Nachts suchen sie
nach Kleintieren wie Würmern,
Schnecken, Asseln, Spinnen
und Insekten. Als Laichgewässer dienen Weiher, größere
Teiche und Seen.

Gewässer

## Schon gewusst?

Der Grasfrosch zählt zu den Amphibien (Lurchen), die sozusagen „doppellebig" sind: Aus den im Wasser abgelegten Eiern (dem Laich) entwickeln sich schwimmfähige Larven („Kaulquappen"), die sich allmählich in auf dem Land lebende Frösche verwandeln. Wenn die „Hüpferlinge", wie man die jungen Frösche nennt, vom Gewässer aus an Land gehen, sind sie noch recht klein. Der Frosch lebt also einmal als Wasser- und einmal als Landtier.

# Der Grasfrosch

ist zwischen Ende Februar und Oktober aktiv und wird 6 bis 10 cm lang.

Der ausgewachsene Grasfrosch besitzt lange Hinterbeine, mit denen er weit springen kann. Die glatte, feuchte Haut ist auf der Oberseite gelbbraun, rotbraun oder dunkelbraun gefärbt. Manche Tiere haben schwarze Flecken auf ihrem Rücken. Die Unterseite ist beim Männchen weißlich grau, bei den Weibchen oft gelb und rötlich marmoriert.

Als Laichgewässer nutzt der Grasfrosch stehende und langsam fließende Gewässer mit flachen Ufern. Den Sommer verbringen die ausgewachsenen Tiere meist in feuchten Wäldern oder Wiesen. Tagsüber halten sie sich geschützt in einem Versteck auf. Nachts werden sie aktiv und gehen auf Nahrungssuche. Am liebsten fressen sie Würmer, Schnecken, Spinnen und Insekten. Den Winter verbringen Grasfrösche in frostsicheren Bodenverstecken oder im Wasser.

*Schau genau hin! So eine Spur hinterlässt ein Grasfrosch.*

# Die Rohrammer

kommt von März bis Oktober vor und wird 13 bis 15 cm groß.

Rohrammern haben ihre Nester oft am Boden. Kommt ein Nesträuber oder ein Störenfried in die Nähe des Nestes, versucht die Rohrammer, den Feind abzulenken. Plötzlich flattert und hüpft sie mit hängenden Flügeln und mimt ein verletztes Tier. Dabei hält sie immer ausreichend Abstand. Hat sie den Feind vom Nest weggelockt, fliegt sie wieder munter davon.

Von der Färbung ähnelt die Rohrammer einem Spatzen, weshalb sie auch oft Rohrspatz genannt wird. Kopf und Kehle sind schwarz mit einem weißen Bartstreifen und weißem Halsband. Die Oberseite ist rotbraun mit schwarzen Streifen, die Unterseite weißlich. Das Weibchen ist am Kopf braun. Im Gegensatz zum Spatz ist der Schnabel klein und zierlich. Meist hörst du die hohen „Zieh"-Rufe aus dem Schilf oder am Ufer.

*Rohrammer-Weibchen*

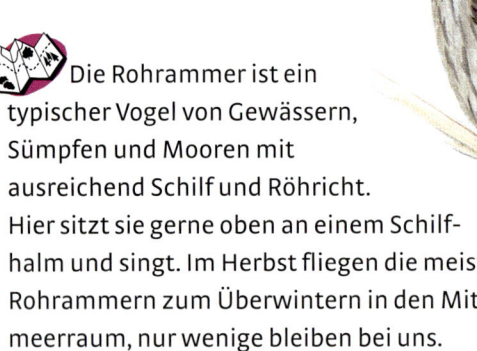

*Rohrammer-Männchen*

Die Rohrammer ist ein typischer Vogel von Gewässern, Sümpfen und Mooren mit ausreichend Schilf und Röhricht. Hier sitzt sie gerne oben an einem Schilfhalm und singt. Im Herbst fliegen die meisten Rohrammern zum Überwintern in den Mittelmeerraum, nur wenige bleiben bei uns.

# Der Eisvogel

kommt ganzjährig vor und wird 17 bis 19 cm groß.

Der Eisvogel ist einer unserer schönsten heimischen Vögel. Sein türkisblau schimmerndes Rückengefieder und die rostrote Unterseite mit dem dolchartigen Schnabel machen ihn unverkennbar. Trotzdem ist der heimliche Fischjäger nicht leicht zu entdecken. Aber mit einem durchdringenden kurzen Pfiff „ziii" macht er auf sich aufmerksam.

*Eisvogel im Sturzflug*

An vielen klaren Bächen und Flüssen kommt der Eisvogel noch vor. In einer Steilwand am Ufer gräbt er eine ca. ein Meter lange Bruthöhle in die Erde. Im Winter lebt er auch an kleineren Gewässern und Teichen, sogar in Parks.

## Schon gewusst?

Die Fischchen fängt der Eisvogel im Sturzflug. Auf einem Ast über dem Wasser wartet er geduldig, bis unter ihm ein kleiner Fisch vorbeischwimmt. Dann stürzt er sich mit angewinkelten Flügeln wie ein Pfeil ins Wasser, schnappt den Fisch und fliegt zurück auf den Ast. Dort schlägt er den Fisch gegen den Ast und schluckt ihn dann Kopf voran hinunter.

# Gewässer

## Die Reiherente

### Schon gewusst?

Im Gegensatz zu den meisten Enten, die im April und Mai brüten, sieht man bei der Reiherente auch noch im Juli und August Eltern mit ihren Kleinen. Ist eine Lachmöwenkolonie in der Nähe, bauen die Reiherenten ihr Nest gerne in deren Nähe. Die mutigen Lachmöwen sind sehr wachsam und schlagen Nesträuber häufig in die Flucht.

*Weibchen mit Jungen*

Die Reiherente erkennst du leicht an ihrem schwarzem Gefieder mit den weißen Seiten. Die weiße Unterseite kannst du schlecht sehen, wenn der Vogel schwimmt. Am Hinterkopf hat diese Ente einen Federschopf wie ein Reiher. Die gelben Augen leuchten schön am dunklen Kopf. Wenn du genau hinschaust, siehst du, dass der Kopf leicht purpurblau schimmert. Im Schlichtkleid ist das Männchen wie das Weibchen dunkelbraun gefärbt.

*Weibchen*

*Männchen*

Neben der Stockente ist die Reiherente unsere häufigste Ente. Du findest sie an allen größeren Gewässern, aber auch an kleineren Parkteichen. Die Reiherente gehört zu den Tauchenten, denn sie sucht den Teichgrund nach Muscheln, Schnecken und Insektenlarven ab. Im Winter bildet sie oft große gesellige Gruppen, auch damit sie sich sicherer fühlen.

# Die Blässralle

wird auch Blässhuhn genannt. Sie kommt ganzjährig vor und wird 36 bis 42 cm groß.

🔍 Bis auf den weißen Schnabel und das weiße Stirnschild ist die rundliche Blässralle komplett schwarz. An den Zehen hat sie keine Schwimmhäute wie die Enten, sondern Schwimmlappen. Oft hörst du ein trötendes „Köck" oder ein hohes „Pix". Mit einem kleinen Kopfsprung taucht sie unter ins Wasser und sucht nach Nahrung.

*Stirnschild*

*Altvögel beim Kampf*

🗺️ Auf fast jedem See und Parkteich findest du Blässrallen. Sie fressen fast alles, von Gras über Algen bis hin zu Muscheln und Schnecken. Im Winter siehst du sie oft in großen Gruppen. Dann kommen noch viele Blässrallen aus Nord- und Osteuropa zum Überwintern zu uns.

*Blässralle taucht nach Futter.*

## Schau genau hin!

Im Winter sind Blässrallen gesellige Vögel, die dicht nebeneinander herschwimmen und sich höchstens mal ums Futter streiten. Im Frühling werden sie aber zu Einzelgängern, da wird keine andere Blässralle im eigenen Revier geduldet. Erst droht sie dem Eindringling mit gesenktem Kopf und hochgehaltenen Flügeln. Hilft das nicht, tritt sie heftig mit den Füßen um sich.

# Das Teichhuhn

## Schon gewusst?

Die jungen, schwarzen Teichhühner sind zwar Nestflüchter,
kommen aber in den ersten
Tagen nach dem Schlüpfen
immer wieder zum Nest, um
sich füttern zu lassen. Auch die
Nacht verbringen sie im Nest,
teilweise in extra dafür gebau-
ten Schlafnestern. Bei einer
Zweitbrut kann es vorkommen,
das sich die älteren Geschwis-
ter an der Aufzucht des Nach-
wuchses beteiligen.

kommt ganzjährig vor und wird
27 bis 31 cm groß.

Auch das Teichhuhn ist eine leicht
zu bestimmende Ralle. Es hat ein rotes
Stirnschild und einen roten Schnabel mit
gelber Spitze. Kopf, Nacken und Unterseite sind blauschwarz, der Rücken dunkelbraun. Auffällig ist der weiße Bürzel,
wenn das Teichhuhn mit dem Schwanz
zuckt. An Land siehst du die gelbgrünen
Beine mit den erstaunlich langen Zehen,
mit denen es auch gut über Schwimm-
pflanzen, wie z.B. Seerosen, laufen kann.
Teichhühner schwimmen mit ruck-
artigen Halsbewegungen.

Stirnschild

Das Teichhuhn kommt
sowohl an Seen und Teichen
als auch an fließenden Gewässern wie Bächen und
Flüssen vor. In Parkanlagen
kann es recht zutraulich werden, sonst ist es recht scheu und
hält sich gerne in der Deckung von Gebüschen auf.
Trotz der langen Zehen kann es erstaunlich gut im
niedrigen Gebüsch am Ufer klettern.

# Die Stockente

kommt ganzjährig vor und wird 50 bis 60 cm groß.

Die häufigste heimische Ente ist die Stockente.
Das Männchen ist leicht an dem grün schillernden
Kopf, dem gelben Schnabel und der braunen
Brust zu erkennen. Das Weibchen
ist dagegen schlicht braun
gemustert, sodass es auf dem
Nest bestens getarnt ist.
Du erkennst es an
den blauen Federn
im Flügel, dem
Flügelspiegel.

Stockenten-Männchen

Stockenten-Weibchen

An jedem Parkteich und
größeren Gewässer triffst du auf
Stockenten. Von ihnen stammen
übrigens die weißen Hausenten ab.
Manchmal vermischen sich Haus-
und Stockenten. Ihre Nachkommen
sind dann scheckig gefiedert.

## Schon gewusst?

Hast du dich im Winter auch schon
oft gefragt, warum Enten nicht festfrieren, wenn sie mit ihren nackten
Füßen auf dem Eis stehen? Das
liegt daran, dass sie ihre Füße der
Außentemperatur anpassen können. Dafür haben sie einen Wärme-
tauscher in den Beinen. Das Blut,
das in die Füße fließt, wird von dem
kalten Blut, das von den Füßen
kommt, abgekühlt. Die Entenfüße
enthalten dadurch im Winter nur
kaltes Blut, sodass das Eis nicht auf-
taut und die Füße nicht festfrieren.

# Der Höckerschwan

kommt ganzjährig vor und wird 140 bis 160 cm groß.

Unser größter heimischer Vogel ist der schneeweiße Höckerschwan. An seinem langen Hals und dem orangeroten Schnabel ist er gut zu erkennen. Das Männchen hat einen schwarzen Höcker über dem Schnabel. Die jungen Schwäne sind ganz grau, erst im zweiten Jahr bekommen sie ihr weißes Gefieder. Im Flug machen die Flügel der Schwäne ein pfeifendes Geräusch.

*Höckerschwan gründelt nach Nahrung*

Höckerschwäne brüten an den meisten Seen und Teichen, selbst an kleinen Parkteichen. Sie bauen ein großes Bodennest aus Schilf, das sie energisch und laut fauchend gegen Artgenossen, aber auch gegen Menschen verteidigen. Also Vorsicht, sonst gibt es blaue Flecken!

## Schon gewusst?

Mit bis zu 20 kg gehört der Höckerschwan zu den größten und schwersten flugfähigen Vögeln der Welt. Um so viele Kilos in die Luft zu bringen, muss der Höckerschwan wie ein Flugzeug gegen den Wind Anlauf nehmen, um abheben zu können. Auch das Landen ist nicht so einfach. Auf dem Wasser ist es kein Problem, da bremst er wie ein Wasserskiläufer mit seinen Füßen ab. An Land muss er dagegen kräftig mit den Flügeln abbremsen, um nicht auf die Nase zu fallen.

# Die Graugans

kommt ganzjährig vor und wird 74 bis 84 cm groß.

Die Graugans ist bei uns die größte graue Gans. Sie hat rosafarbene Beine und einen klobigen rosa Schnabel. Im Flug fallen die hellgrauen Flügelfelder auf. Auf langen Strecken fliegen Graugänse in einer Keilformation, so können sie im Windschatten ihres Vordermannes fliegen und viel Energie sparen. Sie rufen typisch gänseartig „aahng-aahng".

An vielen Stellen wurden die Graugänse bei uns ausgewildert, besonders in den Parkanlagen der großen Städte. Hier zeigen sie sich auch recht zahm und zutraulich. Im Winter fliegen viele der wilden Graugänse bis nach Südspanien, dagegen bleiben die meisten Park-Graugänse hier.

*Familienleben auf dem Wasser*

## Mach mit!

Beobachte einmal eine Gruppe von Graugänsen. Bald wirst du erkennen, dass bestimmte Gänse immer beieinander bleiben, denn Gänse haben ein richtiges Familienleben. Die Paare bleiben lebenslang zusammen und die Jungen verlassen erst bei der nächsten Brut die Eltern. Auch nach Jahren erkennen sich die Familienmitglieder wieder.

# Der Haubentaucher

kommt ganzjährig vor und wird 46 bis 51 cm groß.

Der Haubentaucher schmückt sich im Brutkleid mit einem auffälligen schwarz-braunen Kopf- und Halsschmuck. Der lange Hals hat eine weiße Vorderseite und aus dem weißen Gesicht leuchtet ein rotes Auge. Der Rücken ist dunkelbraun gefärbt. Haubentaucher sind sehr gute Taucher und machen Jagd auf kleine Fische.

Haubentaucher brüten gerne an großen Teichen und Seen mit viel Schilf und Uferpflanzen. Das Nest ist meist im Schilf aus Wasserpflanzen gebaut und kann schwimmen. Wenn nach starken Regenfällen der Wasserspiegel ansteigt, wird es dadurch nicht überflutet. Im Winter weichen die Haubentaucher auf eisfreie Gewässer aus und schwimmen auch auf Flüssen.

## Schon gewusst?

Die kleinen Jungvögel mit ihrem schwarz-weiß gestreiften Kopf können ab dem ersten Lebenstag schwimmen. Noch lieber lassen sie sich aber in den ersten Tagen auf dem Rücken der Eltern herumtragen. Nur die Köpfe schauen dann aus dem Rückengefieder der Altvögel heraus. Selbst zur Unterwasserjagd nach Fischen werden sie so mitgenommen. Oft kommen sie dann aber wie kleine Korken wieder an die Wasseroberfläche.

*Haubentaucher am Schwimmnest*

# Der Graureiher

kommt ganzjährig vor und wird 84 bis 102 cm groß.

Fast so groß wie ein Weißstorch, macht der Graureiher seinem Namen alle Ehre. Denn bis auf die helle Unterseite und etwas Schwarz an Kopf und Flügel ist er einheitlich grau. Dabei fällt der große, gelbe Schnabel auf. Im Flug sind die Beine lang gestreckt und der Hals ist s-förmig eingezogen.

*Graureiher im Flug*

Auf der Suche nach Fischen, Fröschen und anderen Wassertieren kommt der Graureiher an verschiedenen Gewässern vor. Selbst in Städten holt er sehr zum Ärger der Fischfreunde so manchen Goldfisch aus dem Gartenteich. Graureiher brüten in Kolonien auf hohen Bäumen, manchmal mit Kormoranen zusammen.

## Schau genau hin!

Nicht nur an Gewässern geht der Graureiher auf die Jagd. Vor allem im Winter, wenn viele Teiche zugefroren sind, siehst du ihn häufig auf Wiesen und Äckern stehen. Hier lauert er auf Mäuse oder Maulwürfe. Die Jagdtechnik sieht so aus: langsames Anpirschen, geduldiges Warten und blitzschnelles Zustoßen mit dem Schnabel.

195

Die Weiße Seerose hat ganz unge-
wöhnliche Schwimmblätter. Sie sind
fest und biegsam zugleich und außerdem mit einer Schicht aus Wachs
überzogen. Das ist ein guter Schutz
gegen Sonnenbrand und starke Wellen. Die Blätter sind so stabil, dass sich
Frösche darauf ausruhen können, ohne unterzugehen. Die Spaltöffnungen,
mit denen die Pflanze atmet, befinden
sich auf der oberen Blattseite. Klar: Die
Unterseite liegt ja auf dem Wasser.

# Die Weiße Seerose

blüht von Mai bis September und
schwimmt flach auf dem Wasser.

Ihre weißen Blüten sind
15 cm groß und damit die größten
unserer heimischen Blumen. Die
grünen, fast kreisrunden Blätter
wachsen an einem Stiel, der bis
an den Boden reicht.

*Schwimmblatt*

*Die Blüte öffnet sich.*

Die weiße Seerose wächst
in Weihern und Teichen, aber
auch in langsam fließenden
Flüssen und Bächen. Je nach Tiefe
des Wassers, kann ihr Stängel
einen halben Meter oder sogar
bis drei Meter lang werden.

# Der Riesen-Bärenklau  giftig

blüht von Juni bis September und wird 1 bis 3 m hoch.

Der Riesen-Bärenklau ist wirklich ein Riese. Er ist so groß, dass du ihn nicht übersehen kannst. Der Stängel kann bis zu 10 cm dick werden. Er ist innen hohl und außen mit vielen borstigen Haaren besetzt. Die grünen Blätter können sogar bis zu 2 m lang werden.

*Die Dolde wird bis über 50 cm breit.*

*Die Blätter sind bis zu 2 m lang.*

Am häufigsten wächst der Riesen-Bärenklau, den man auch Herkulesstaude nennt, an Bach- und Flussufern. Du kannst ihn aber auch an Straßenrändern finden.

*Die Pflanze kann weit größer werden als du selbst.*

## Finger weg!

„Bitte nicht anfassen!" ist bei dieser Pflanze angesagt. Sie enthält gefährliche Stoffe. Wenn diese an die Haut kommen, bilden sich starke Rötungen und schmerzhafte Brandblasen. Der Riesen-Bärenklau ist ursprünglich bei uns nicht heimisch. Seine Heimat ist das Kaukasusgebirge.

# Die Wasserminze

Aus den grünen Blättern der Wasserminze kannst du einen leckeren Tee zubereiten: Übergieße die frischen oder getrockneten Blätter mit kochendem Wasser. Lasse diesen Tee etwas ziehen und süße ihn nach deinem Geschmack mit Honig oder Zucker.

blüht von Juli bis Oktober und wird 20 bis 90 cm hoch.

Die Wasserminze erkennst du vor allem an ihrem intensiven Duft. Der kommt aus den grünen Laubblättern, die besonders stark riechende Öle enthalten. Die einzelnen violetten Blütchen bilden dichte rundliche Blütenstände. Sie sitzen an der Spitze der Pflanze und auf ihren Seitentrieben.

Wie der Name schon sagt, findest du die Wasserminze vor allem an Bächen und Gräben. Aber sie wächst auch an vielen anderen nassen Stellen.

*Blütenstand aus vielen Einzelblüten*

*Wasserminzentee selbst gemacht – mmh, der schmeckt!*

## Mach mit!

Die Blätter der Pestwurz sind größer als fast alle anderen Blätter unserer heimischen Pflanzen. Die Pflanze wird auch „Wilder Rhabarber" genannt. Beim Spielen kannst du dir aus einem solchen Blatt sogar einen Sonnenhut machen: Dazu musst du nur einen Teil des Blattstängels durch das Blatt ziehen.

# Die Pestwurz

blüht von März bis Mai

und wird 20 cm bis 1 m hoch.

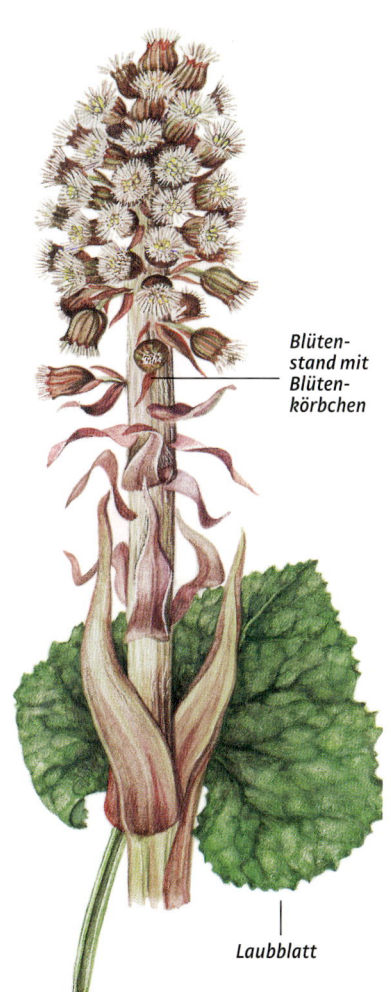

Blüten-
stand mit
Blüten-
körbchen

Die Blütenstände bestehen aus zahlreichen rötlichen Blütenkörbchen. Sie sind besonders auffällig, weil sie sich im Frühling früher entfalten als die Laubblätter. Dafür sind die Blätter im Sommer wegen ihrer Größe kaum zu übersehen.

Die Pestwurz wächst vor allem an Ufern von Bächen und Flüssen. Du kannst sie aber auch an nassen Stellen im Hügel- und Bergland finden. Im flachen Land ist die Pflanze seltener.

Laubblatt

# Der Gemeine Schneeball  *giftig*

blüht im Mai/Juni und wird 2 bis 5 m groß.

Der große Strauch oder kleine Baum hat drei- bis fünflappige große Blätter. Die Blattunterseite ist behaart und der Blattrand unregelmäßig, grob gezahnt. Der Blütenstand hat am Rand große, weiß leuchtende Blüten. In der Mitte findest du kleine, gelbliche Blüten, aus denen im Herbst rot glänzende Früchte werden. Aber Vorsicht, sie sind leicht giftig.

## Schau genau hin!

Der Gemeine Schneeball ist für Läuse sehr anfällig. Die Schwarze Bohnenlaus zum Beispiel legt hier im Herbst ihre Eier ab, die an den Ästen überwintern. Im Frühjahr machen sich die Läuse dann über das erste frische Grün her, wechseln dann aber auf Bohnen oder andere krautige Pflanzen. Vielleicht kannst du ja ein paar Läuse entdecken.

Den Gemeinen Schneeball findest du meist auf feuchten Böden, an Bach- und Flussufern, in schattigen Waldrändern und Hecken. Wegen seiner schönen Blüten und Früchte wird er aber auch gerne in Parks und Gärten angepflanzt.

# Die Trauben-Kirsche

blüht im April/Mai und wird 10 bis 15 m groß.

Die Blätter sehen der Süß-Kirsche ähnlich, sind aber mattgrün, und die Oberfläche sieht etwas knittrig aus. Die Blüten dagegen sind unverwechselbar. Sie hängen in dichten weißen Trauben am Baum, genauso wie im Herbst die schwarzroten Kirschen. Die kleinen Kirschen schmecken leider leicht bitter. So haben die Vögel die Kirschen für sich.

## Schau genau hin!

Im Juni findet man häufig Trauben-Kirschen, die wie mit Watte überzogen sind. Das ist das Werk der Traubenkirschen-Gespinstmotte. Die Raupen der Motte fressen fast nur die Blätter der Traubenkirsche. Dabei spinnen sie die Zweige und Äste mit einem feinen Gespinst ein. So schützen sie sich vor Fressfeinden und können sich auch in Ruhe verpuppen.

*Gespinst der Traubenkirschen-Gespinstmotte*

Die Trauben-Kirsche wächst meist auf feuchten und nassen Böden, zum Beispiel in Auwäldern, an Bach-, Fluss- und Seeufern oder an feuchten Waldrändern.

# Die Silber-Weide

blüht im April/Mai und wird bis zu 30 m groß.

Die langen schmalen und fein gesägten Blätter sind auf der Blattunterseite dicht weißlich behaart. Bewegen sich die Blätter im Wind, leuchten die silbrigen Blattunterseiten auf, woher die Silber-Weide ihren Namen hat. Es gibt männliche und weibliche Bäume, die ihre Blütenkätzchen mit oder kurz vor den Blättern austreiben. Die leichten und behaarten Samen werden vom Wind weit verteilt.

Diese häufigste Weidenart kommt bevorzugt in Auwäldern vor, aber auch am Ufer von Bächen, Flüssen und Seen.

*Blattunterseite weiß behaart*

## Mach mit!

Die dünnen rutenartigen Zweige werden zum Korbflechten genutzt. Dafür werden die Zweige regelmäßig geschnitten und es entsteht eine sogenannte „Kopfweide". Vor allem an Gräben und Bächen werden die Kopfweiden gerne als Uferbefestigung gepflanzt. Schau mal, ob du solche dünnen Zweige bekommen kannst. Vielleicht kannst du ja etwas Kleines daraus basteln.

*Aus den Zweigen der Kopfweide kann man Körbe flechten.*

# Die Bruch-Weide

blüht im März/April und wird bis zu 15 m groß.

Die jungen Zweige brechen leicht ab und geben dabei ein knackendes Geräusch von sich, weshalb die Bruch-Weide auch oft Knack-Weide genannt wird. Die Blätter sind ähnlich der Silber-Weide, aber ganz unbehaart. Wie bei allen Weiden gibt es männ-liche und weibliche Blüten.

## Schon gewusst?

Schon die alten Griechen wussten, dass man mit einem Extrakt aus Weidenrinde die Schmerzen stillen und das Fieber senken konnte. Den Wirkstoff, die Salizylsäure, findest du in einem unserer häufigsten Medikamente wieder, in der Aspirintablette.

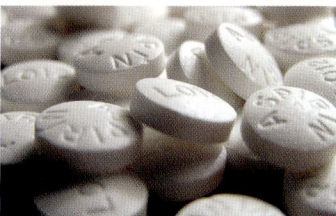

*Aspirin enthält Extrakte aus der Weiden-rinde.*

Die Bruch-Weide wächst vor allem auf sehr feuchten Böden, die auch mal überschwemmt werden können. Im Flachland und in Bergtälern findest du sie an Bächen, Flüssen und Seen.

Die Erle bildet an den Wurzeln kleine Knöllchen aus. In diesen Knöllchen lebt ein bestimmter Pilz, der von der Erle mit Energie versorgt wird. Im Gegenzug liefert der Pilz der Erle lebenswichtigen Dünger. Er düngt sie gewissermaßen. Diese Form des Zusammenlebens zweier Arten, bei dem jeder dem anderen nützt, nennt man Symbiose.

# Die Schwarz-Erle

blüht im März/April und wird bis zu 25 m groß.

Fruchtstand

Männliche Kätzchen schon im Herbst

Die dunkelgrünen Blätter sind rundlich und an der Blattspitze meist eingebuchtet oder sogar stumpf. Die Blätter fallen im Herbst dunkelgrün vom Baum. Zwei bis vier Wochen vor den Blättern erscheinen die männlichen und weiblichen Blüten. Die Früchte sehen aus wie kleine Zapfen und bleiben den ganzen Winter am Baum.

Die Schwarz-Erle wächst auf nassen Böden. Du findest sie an Bach-, Fluss- und Seeufern. Der Baum kann auch mehrere Wochen im Wasser stehen.

# Die Schwarz-Pappel

blüht im März/April und wird bis zu 30 m groß.

## Schon gewusst?

Die Schwarz-Pappel ist heutzutage relativ selten geworden und steht schon auf der roten Liste der gefährdeten Pflanzen. Meist findest du die sehr ähnliche Bastard-Schwarz-Pappel. Das ist eine Kreuzung aus Kanadischer und Europäischer Schwarz-Pappel. Sie ist robuster und wächst schneller als die eigentliche Schwarz-Pappel und wird deshalb oft gepflanzt. Häufig ist auch eine säulenartig wachsende Zuchtform der Schwarz-Pappel, die Pyramiden-Pappel.

*Pyramiden-Pappeln*

Die dunkelgrün glänzenden Blätter haben einen dreieckigen Umriss und einen langen Blattstiel. Es gibt männliche und weibliche Bäume, die ihre Blütenkätzchen vor den Blättern austreiben. Die Samen hängen an silbrigen Fäden, die im Mai wie Watte auf dem Boden umhergeweht werden.

Die Schwarz-Pappel wächst entlang von Flüssen, Bächen und Seen. Die Wurzeln vertragen es, zeitweise überflutet im Wasser zu stehen.

# Lebensraum Strand und Meer

Bestimmen mit dem Kosmos-Farbcode

**Die Baltische Plattmuschel**
Seite 210

**Die Herzmuschel**
Seite 211

**Die Miesmuschel**
Seite 212

**Die Wattschnecke**
Seite 216

**Die Wellhornschnecke**
Seite 217

**Der Wattwurm**
Seite 218

**Die Nordseegarnele**
Seite 222

**Die Gemeine Seepocke**
Seite 223

**Der Gemeine Seestern**
Seite 224

Die Pazifische Auster
Seite 213

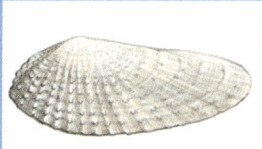

Die Weiße Bohrmuschel
Seite 214

Die Strandschnecke
Seite 215

Der Seeringelwurm
Seite 219

Die Strandkrabbe
Seite 220

Der Einsiedlerkrebs
Seite 221

Der Kleine Strandseeigel
Seite 225

Die Ohrenqualle
Seite 226

Die Feuerqualle oder Gelbe
Nesselqualle Seite 227

# Lebensraum Strand und Meer

Bestimmen mit dem Kosmos-Farbcode

Der Seehund
Seite 228

Die Kegelrobbe
Seite 229

Die Silbermöwe
Seite 230

Der Sanderling
Seite 234

Der Rotschenkel
Seite 235

Der Knutt
Seite 236

Der Queller
Seite 240

Der Meersenf
Seite 241

Die Strand-Aster
Seite 242

Die Lachmöwe
Seite 231

Der Austernfischer
Seite 232

Der Säbelschnäbler
Seite 233

Der Alpenstrandläufer
Seite 237

Die Brandgans
Seite 238

Der Kormoran
Seite 239

Der Strandflieder
Seite 243

Der Fingertang
Seite 244

Der Blasentang
Seite 245

# Die Baltische Plattmuschel

wird bis 3 cm groß.

Die Baltische Plattmuschel wird auch Rote Bohne genannt. Neben den weißlichen, rosa und rötlichen Exemplaren gibt es auch gelbliche oder grünliche Schalen. Die Schale ist flach, leicht zerbrechlich und hat eine ovale bis dreieckige Form.

## Mach mit!

Versuch im Wattboden ein paar lebende Herz- oder Plattmuscheln zu finden. Dann leg sie in eine Pfütze auf den Wattboden. Bald solltest du beobachten können, wie sich die Schalenklappen öffnen und eine weiße Zunge herauskommt. Das ist der Fuß der Muschel. Mit dem gräbt sie sich ruck-zuck wieder in den Boden ein. Bei warmem Wetter funktioniert es besonders gut.

Drei bis fünf Zentimeter tief lebt die Plattmuschel in sandigen Böden eingegraben. Von dort reichen zwei Siphonen, ihre „Schnorchel", an die Oberfläche. Mit dem einen Sipho strudelt sie Wasser ein und damit Sauerstoff und Nahrung. Aus dem anderen gibt sie das gefilterte Wasser wieder ab.

# Die Herzmuschel

wird bis 5 cm groß.

Schau dir eine geschlossene Herzmuschel von der Seite an, dann erkennst du ihren herzförmigen Umriss, dem sie ihren Namen verdankt. Die Muscheloberfläche ist von vielen tiefen Rillen bzw. Rippen überzogen.

*Die Farbe der Schale variiert von weiß, schmutzig- gelb bis bräunlich.*

## Schon gewusst?

In einigen Ländern ist es noch erlaubt, nach Herzmuscheln zu fischen. Dafür wird mit einem schweren Netz der Meeresboden durchgepflügt. Leider werden dabei auch die anderen Tiere im Boden geschädigt. Außerdem fehlt dann vielen Vogel- und Fischarten eine wichtige Nahrungsquelle. Denn Austernfischer oder Knutt fressen am Tag Hunderte von kleinen Muscheln.

Sie lebt circa ein bis zwei Zentimeter im Sand vergraben und ist wahrscheinlich die häufigste Muschel an der Küste. Mehrere hundert bis tausend Herzmuscheln können auf einem Quadratmeter Wattboden vorkommen.

# Die Miesmuschel

## Schon gewusst?

Einen Liter Wasser kann eine große Miesmuschel in der Stunde durchfiltern. Sie gilt als eine Art Kläranlage der Nordsee. Deshalb darf man Miesmuscheln auch nicht zu jeder Jahreszeit essen. Abgesehen von den Schadstoffen, filtern sie auch giftige Algen aus dem Wasser, was zu einer Muschelvergiftung führen kann.

*Frische Muscheln*

wird bis 10 cm groß.

An der blauschwarzen Farbe und der länglich dreieckigen Form erkennst du die Miesmuschel. Auf der Innenseite schimmert sie schön perlmuttfarben. Im Gegensatz zu den meisten anderen Muscheln lebt sie oberirdisch. Um nicht von der Flut an Land gespült zu werden, muss sie sich irgendwo festhalten. Dafür kann sie extrem klebrige Fäden, sogenannte „Byssusfäden", spinnen und sich an Steinen oder anderen Miesmuscheln anheften.

*Fuß, mit dem die Fäden am Untergrund festgeklebt werden*

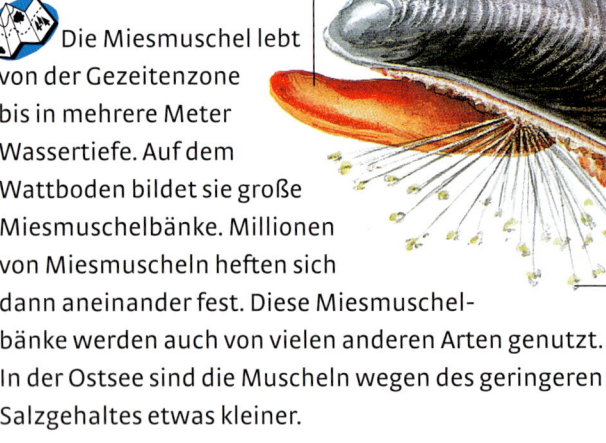

*Byssusfäden*

Die Miesmuschel lebt von der Gezeitenzone bis in mehrere Meter Wassertiefe. Auf dem Wattboden bildet sie große Miesmuschelbänke. Millionen von Miesmuscheln heften sich dann aneinander fest. Diese Miesmuschelbänke werden auch von vielen anderen Arten genutzt. In der Ostsee sind die Muscheln wegen des geringeren Salzgehaltes etwas kleiner.

# Die Pazifische Auster

wird bis 20 cm groß.

Die Pazifische Auster ist oval bis länglich und stark geschuppt. Die Schale ist extrem hart und hat sehr scharfe Kanten. Vorsicht, Schnittgefahr! Im Gegensatz zu den meisten anderen Muscheln sehen die beiden Schalenklappen sehr unterschiedlich aus. Die eine Klappe ist stark gewölbt, während die andere Seite wie ein flacher Deckel aufliegt.

Wie die Miesmuschel lebt die Auster auf der Bodenoberfläche und hält sich an Steinen, Muscheln oder Hafenmauern fest. Einige Miesmuschelfischer und Forscher haben nun die Befürchtung, dass die Austern die Miesmuscheln verdrängen, denn natürliche Feinde hat die Pazifische Auster nicht, wenn sie ausgewachsen ist. Sie kommt nicht in der Ostsee vor.

## Schon gewusst?

Nachdem die europäische Auster in der Nordsee so gut wie ausgestorben war, hat man die größere, aus Japan stammende Pazifische Auster eingeführt, um sie zu züchten. Bisher war man davon ausgegangen, dass es der Austernart in der Nordsee zu kalt ist, um sich fortzupflanzen. Aber durch die Klimaerwärmung ist die Nordsee nun in manchen Jahren warm genug und die Auster hat sich überall ausgebreitet.

# Die Weiße Bohrmuschel

wird bis 6 cm groß.

Die Weiße Bohrmuschel hat eine auffällig langgestreckte und dünnwandige, weiße Schale. An dem breiteren Vorderende hat sie kräftige dornenbesetzte Rippen, die am hinteren Ende kleiner werden.

## Schon gewusst?

Eine ähnliche Art ist die Amerikanische Bohrmuschel. Sie kam 1890 mit amerikanischen Zuchtaustern in die Nordsee und hat sich seitdem stark ausgebreitet. Durch ihre bohrenden Tätigkeiten tragen die Bohrmuscheln Ton- und Torfböden ab.

*Tief im harten Ton sitzt die Weiße Bohrmuschel.*

Mit ihren dornigen Rippen bohrt sich die Weiße Bohrmuschel nicht in weichen Sand, sondern in harte Tonböden, Holzstücke oder sogar in Kreidefelsen. In den bis zu 15 cm langen Gängen ist sie vor Feinden relativ sicher. Nur ihr langer Sipho reicht bis ins offene Wasser. Man findet sie in der westlichen Ostsee bis Rügen.

# Die Strandschnecke

wird bis 3 cm groß.

Das Gehäuse der Strand-
schnecke ist zugespitzt, grau-
bräunlich und helle Linien ziehen
sich um die Schale. Die Schale ist
sehr dickwandig und die letzte
Windung mit der Öffnung ist
deutlich größer als die anderen. Ihre runde Öffnung
kann sie mit einem horni-
gen braunen Deckel (das Oper-
culum), der an ihrem Kriechfuß
hängt, verschließen. So kann sie
leicht zwei bis drei Wochen ohne
Wasser überstehen.

Die Strandschnecke lebt vor
allem auf festem Untergrund im
Bereich der Gezeitenzone, also auf
Steinen, Holz oder Hafenmauern.
Eher selten ist sie auf sandigem
Boden unterwegs, denn hier kann
sie sich nicht gut festhalten und
droht, mit den Wellen fortgespült
zu werden. Sie kommt in der westlichen Ostsee bis Rügen vor.

## Schon gewusst?

Schnecken ha-
ben eine ganz
besondere Zun-
ge, die Radula.
Wie bei einer
Feile sitzen auf
der Zunge lauter
kleine Zähnchen,
mit der sie ihre
Nahrung vom
Untergrund abraspeln. So weidet
auch die Strandschnecke mit ihrer
Radula Algen und kleine Tierchen
vom Untergrund ab. Im Winter zieht
sie sich in tieferes Wasser zurück,
um vor Frost geschützt zu sein.

# Die Wattschnecke

wird bis 9 mm groß.

Die Wattschnecke ist eine sehr kleine Schnecke, die nur so groß wie ein Reiskorn wird: Das Gehäuse ist spitz zulaufend und hat sieben Windungen, die du nur durch eine Lupe erkennst.

*Die Farbe ist gelb bis dunkelbraun.*

## Schon gewusst?

Um größere Strecken zurückzulegen, lässt sich die Wattschnecke mit der Strömung davontreiben. Dafür sondert sie ein Schleimband ab und heftet sich damit unter der Wasseroberfläche fest. So kann sie mit ihrem Schleimfloß, kopfüber hängend, mehrere Kilometer mit der Flut wegtreiben.

Die Wattschnecke lebt auf sandigem und schlickigem Boden vom Gezeitenbereich bis in zehn Meter Wassertiefe. Bei Niedrigwasser grast sie die Oberfläche nach winzigen Algen ab oder gräbt sich im Boden ein. Sie ist die häufigste Schnecke und auf wenigen Quadratmetern kommen oft Zehntausende von ihnen vor.

# Die Wellhornschnecke

wird bis 11 cm groß.

## Schon gewusst?

Am Strand findest du häufig ein gelblichweißes, luftiges Gebilde aus lauter rundlichen Kapseln. Das sind die leeren Laichballen der Wellhornschnecke. Aber nur aus circa zehn der vielen Eier schlüpfen kleine Wellhornschnecken, die restlichen Eier dienen den Babyschnecken als Nahrung.

Die Wellhornschnecke ist die größte Schnecke in der Nord- und Ostsee. Das kegelförmige, gelblichbraune Gehäuse ist leicht gewellt. Je nach Untergrund wird die Schale unterschiedlich dick. Auf felsigem Boden ist sie besonders fest. So zerbricht sie nicht, wenn sie von den Wellen gegen die Steine schlägt. Auf weichem, sandigem Boden ist das Gehäuse dagegen deutlich dünner.

Meist findest du am Strand nur die leeren, angespülten Gehäuse, denn die Wellhornschnecke lebt unterhalb der Wasserlinie bis in mehrere hundert Meter Tiefe. Sie ist ein Fleisch- und Aasfresser. Mit ihrem guten Geruchssinn findet sie leicht ihre Beute. Als Aasfresser ist sie sehr wichtig, denn so säubert sie das Meer von toten Tieren.

# Der Wattwurm

wird bis 30 cm lang.

Der fingerdicke, rotbraune Wattwurm ist leicht zu erkennen. Wenn du genau hinschaust, siehst du drei unterschiedliche Körperabschnitte. Vorne ist der Kopf und sieben Segmente, die Borsten tragen. In der Mitte folgen 13 Segmente mit Borsten und roten Kiemenbüscheln. Zum Schluss folgt der dünne Schwanz mit circa 90 Segmenten.

## Schon gewusst?

Im Laufe der Zeit wird der Wattwurm immer kürzer, denn er hat viele Feinde, die ihn gerne fressen würden. Zum Glück besteht sein Schwanz aus vielen kurzen Segmenten, von denen er sich trennen kann. Packt ihn ein Vogel oder ein Fisch am Schwanzende, wirft er diese Segmente ab und verkriecht sich schnell in den unteren Teil seiner Wohnröhre. So kann er mehrere Angriffe überstehen.

*Hier lebt ein Wattwurm.*

Die Spuren des Wattwurms siehst du überall auf dem Wattboden als kleine Sandkringel. Unter diesen „Spaghettihaufen" lebt der Wattwurm circa 20 bis 30 cm tief in einer J-förmigen Röhre. Hier frisst er den Sand und verdaut die tierischen und pflanzlichen Teile im Sand. An der Bodenoberfläche entsteht so ein kleiner Einsturztrichter. Den Sand gibt er alle 45 Minuten als Sandkringel auf dem Wattboden ab.

# Der Seeringelwurm

wird 10 bis 20 cm lang.

Gräbst du im Wattboden, wirst du bald auf diesen farbenfrohen Gesellen treffen. Denn den Seeringelwurm gibt es nicht nur in orangerot, sondern auch in gelblichen und grünlichen Varianten. Der Seeringelwurm besteht aus circa 120 Segmenten mit jeweils zwei Stummelfüßchen. Auffällig ist auch die rot durchschimmernde Ader auf dem Rücken.

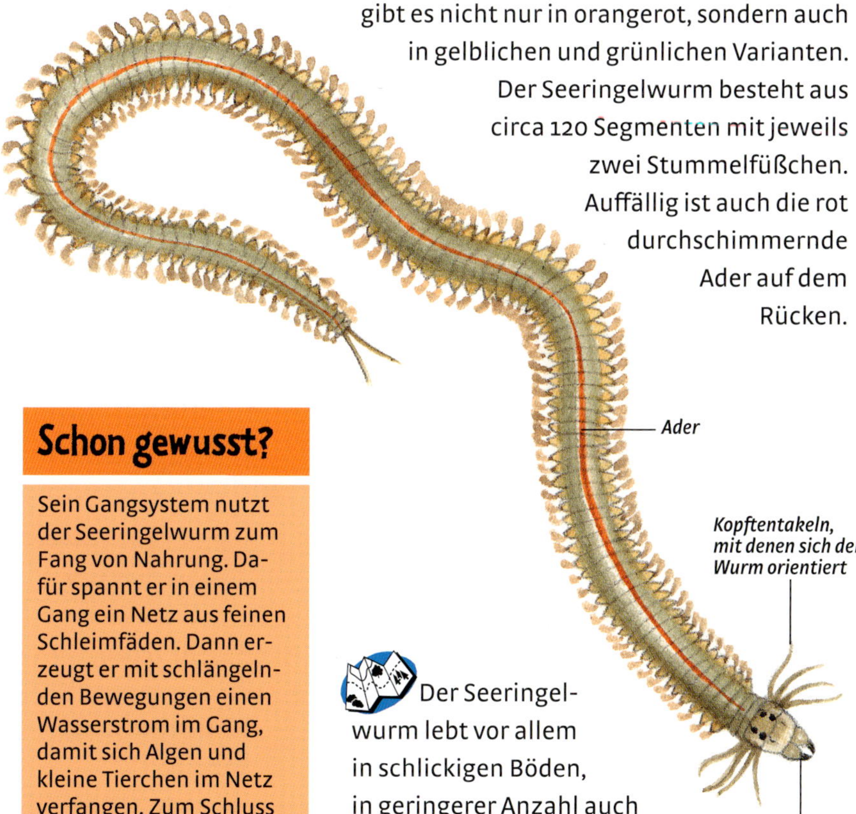

— Ader

Kopftentakeln, mit denen sich der Wurm orientiert

## Schon gewusst?

Sein Gangsystem nutzt der Seeringelwurm zum Fang von Nahrung. Dafür spannt er in einem Gang ein Netz aus feinen Schleimfäden. Dann erzeugt er mit schlängelnden Bewegungen einen Wasserstrom im Gang, damit sich Algen und kleine Tierchen im Netz verfangen. Zum Schluss frisst er sein Schleimnetz einfach wieder auf.

Der Seeringelwurm lebt vor allem in schlickigen Böden, in geringerer Anzahl auch in Sandböden. Er baut sich ein verzweigtes Gangsystem.

Kieferzangen, zum Ergreifen von Beute

# Die Strandkrabbe

wird 8 cm breit und 6 cm lang.

Der gezackte, harte Rückenpanzer hat die Form eines Fünfecks. Mit ihren fünf Beinpaaren rennt sie flink seitwärts über den Boden. Vier der Beinpaare sind zum Laufen da, das erste Beinpaar besteht aus zwei gefährlichen Scheren.

## Schau genau hin!

Um zu wachsen, muss sich die Strandkrabbe regelmäßig häuten. Ungefähr einmal im Jahr verlässt sie ihren alten, starren Panzer. Die leeren Panzer findest du häufig am Strand. Dank der Häutungen kann sie auch ein abgebrochenes Bein nach und nach wieder ersetzen.

Die Strandkrabbe kommt in der Nordsee und im Atlantik von Norwegen bis Marokko vor; in der westlichen Ostsee bis Rügen. Sie lebt auf sandigen und felsigen Böden. Bei Gefahr vergräbt sie sich im Sand oder flüchtet unter einen Stein.

Mit der größeren linken Schere kann sie Schnecken oder Muscheln knacken, die kleinere rechte Schere dient zum Zerkleinern und Fressen ihrer Beute. Die Oberseite ist meist grünlich oder bräunlich gefärbt, die Unterseite ist dagegen leuchtend orange-gelb.

# Der Einsiedlerkrebs

wird bis 10 cm groß.

Wenn du am Strand ein Schneckenhaus komisch über den Boden kriechen siehst, steckt vielleicht ein Einsiedlerkrebs darin. Denn beim Einsiedler sind nur der Kopf und die

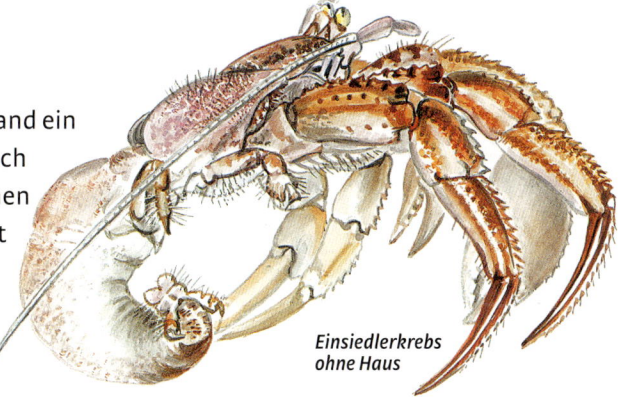

*Einsiedlerkrebs ohne Haus*

Brust von einem harten Panzer geschützt, der Hinterkörper ist dagegen ganz weich. Um ihn zu schützen, zieht er in ein leeres Schneckenhaus ein. Bei Gefahr kann der Einsiedler ganz im Schneckenhaus verschwinden und mit seiner kräftigen rechten Schere den Eingang verschließen.

Der Einsiedlerkrebs lebt unterhalb der Niedrigwasserlinie auf sandigem oder felsigem Untergrund. Am ehesten findest du ihn in Prielen oder Gezeitentümpeln. Er lebt im Atlantik, im Mittelmeer, in der Nordsee und westlichen Ostsee.

## Schon gewusst?

Wächst der Einsiedlerkrebs, wird ihm sein Schneckenhaus irgendwann zu klein, und er muss sich ein größeres suchen. Hat er ein passendes gefunden, wechselt er innerhalb von Sekunden das Gehäuse. Die ausgewachsenen Einsiedler wohnen alle in den großen Wellhornschneckenhäusern. Sie leben dann im tieferen Wasser. Am Strand findest du daher die Einsiedler eher in den Gehäusen der kleineren Strandschnecke.

# Die Nordseegarnele

Weibchen werden 9 cm lang, Männchen bis zu 6 cm.

Viele kennen die Nordseegarnele nur von ihrem Krabbenbrötchen. Doch Krabben sind eher rundliche Krebse mit großen Scheren. Die Nordseegarnele ist dagegen schmal und langgestreckt, hat nur sehr kleine Scheren und zwei ganz lange Fühler bzw. Antennen. Am Hinterende sitzt ein lappiger Schwanzfächer. Die Farbe ist meist sandgrau.

## Mach mit!

Versuch ein paar Garnelen mit dem Käscher zu fangen. Nun nimm mehrere Eimer oder Gläser und füll sie mit unterschiedlichen Sachen, z.B. mit hellem oder dunklem Sand, mit größeren Steinen oder farbigen Muschelschalen. Am Anfang fallen die Garnelen noch auf, weil sie sich vom andersfarbigen Untergrund abheben. Aber mit der Zeit können sie sich dem Untergrund farblich anpassen und sind so wieder gut getarnt.

Die Nordseegarnele lebt im Mittelmeer, im Atlantik, in der Nordsee und der westlichen Ostsee. Sie schwimmt meist in Küstennähe und hält sich im Flachwasserbereich mit sandigem oder schlickigem Boden auf. Mit einem Käscher kannst du sie bei Ebbe leicht in einem Priel fangen.

# Die Gemeine Seepocke

wird bis 1,5 cm breit.

Bis vor 100 Jahren hielt man Seepocken noch für Muscheln. Doch heute weiß man, dass sie zur Familie der Krebse gehören. Die kegelförmige Schale wird aus sechs weißlichen Kalkplatten gebildet. Die obere Öffnung wird noch mit zwei weiteren Kalkplatten verschlossen. Nur wenn sie unter Wasser getaucht sind, strecken sie ihre gefiederten Fangarme wie einen Fächer aus. Damit filtern sie ihre Nahrung (Plankton) aus dem Wasser.

Fangarme

## Schon gewusst?

Auch Schiffsrümpfe bieten einen prima Untergrund, um sich festzuheften. Das freut die Besitzer gar nicht, denn die Schiffe kommen so viel langsamer voran und verbrauchen viel mehr Energie. Früher wurden die Schiffe mit sehr giftigen Farben angestrichen, damit sich keine Seepocke festsetzen konnte. Heute versucht man es mit Farben, die umweltfreundlicher sind.

Die Gemeine Seepocke lebt im Bereich von Ebbe und Flut. Sie kann also auch längere Zeiten ohne Wasser gut überstehen. Hier heftet sie sich an alles, was einen festen Untergrund bietet: Steine, Muschelschalen, Pfähle oder sogar andere Krebse. Sie lebt im Atlantik, in der Nordsee und der westlichen Ostsee.

# Der Gemeine Seestern

wird bis 30 cm groß.

Mit seinen fünf dicken Armen kannst du den Gemeinen Seestern leicht erkennen. Die sogenannte Körperscheibe in der Mitte, mit dem Mund, ist relativ klein. Die Oberfläche trägt kurze Stacheln und fühlt sich wie Schmirgelpapier an. Auf der Unterseite der Arme sitzen vier Reihen mit Füßchen, die kleine Saugnäpfe tragen. Die Farbe ist sehr variabel, meist orangebraun, aber auch hellgelb, violett, grünlich oder fast schwarz.

## Schon gewusst?

Auf der Speisekarte des Seesterns stehen Miesmuscheln ganz oben. Um sie zu öffnen, braucht der Seestern viel Ausdauer. Mit seinen Armen und Saugfüßchen heftet er sich an die Schalenklappen und zieht sie auseinander. Das kann oft mehrere Stunden dauern, bis der Miesmuschel die Kraft ausgeht.

Der Gemeine Seestern lebt unterhalb der Niedrigwasserlinie bis in 200 m Tiefe. Meist auf Felsen, steinigem Sandgrund oder Miesmuschelbänken. Es ist der häufigste Seestern im Atlantik und der Nordsee. In der westlichen Ostsee kommt er bis Bornholm vor.

# Der Kleine Strandseeigel

wird bis 4,5 cm groß.

 Meist findest du nur die leeren Schalen des Kleinen Strandseeigels am Strand. Die Schale ist rund und abgeflacht, mit einer großen runden Öffnung auf der Unterseite und einer kleineren Öffnung oben. Die niedrigen Höcker auf der Oberfläche sind die Stellen, an denen beim lebenden Seeigel die kurzen kräftigen Stacheln sitzen. Die Stacheln haben oft rosa oder lila Spitzen. Ansonsten ist der Strandseeigel eher grünlich bis bräunlich.

Unterhalb der Niedrigwasserlinie bis in 30 m Tiefe lebt der Strandseeigel auf Felsen, Steinen, Hafenmauern und in Seegraswiesen. Hier grast er die Algen vom Untergrund ab. Kommt im Atlantik, in der Nordsee und der westlichen Ostsee vor.

## Mach mit!

Wenn du die leere Schale eines Seeigels findest, kannst du ein kleines Experiment ausprobieren, um den eindrucksvollen Bau und die Struktur des Gehäuses sichtbar zu machen. Dafür leuchtest du im Dunkeln mit einer kleinen Taschenlampe in die untere Öffnung des Seeigels hinein.

# Die Ohrenqualle

wird bis zu 40 cm groß.

## Schon gewusst?

Die Ohrenqualle gibt es in zwei unterschiedlichen Formen. Zum einen die typische kurzlebige Qualle, die durchs Wasser schwebt. Zum anderen das festsitzende Polypenstadium. Die Larven der Ohrenquallen setzen sich auf Steinen oder anderen harten Gegenständen fest und wachsen zu kleinen Polypen heran. Im Frühjahr schnüren sich dann von den Polypen circa 50 bis 60 Jungquallen ab, die rasch heranwachsen.

Vom Boot oder von der Hafenmauer kannst du manchmal beobachten, wie die Ohrenquallen elegant im Wasser schweben. Am Strand angespült, sind sie dagegen nur noch ein glibberiger Klumpen. Ohrenquallen erkennst du an den vier Kreisen in dem glockenartigen Körper, das sind die Geschlechtsorgane. Beim Männchen sind sie weißlich, beim Weibchen violett.

*Männchen*

*Weibchen*

*Die Nesselzellen an den Tentakeln können zum Glück die menschliche Haut nicht durchdringen.*

*Tentakeln*

Die Ohrenqualle kommt in allen Meeren vor. In der Ostsee bis zu den Alandinseln. Im Sommer können sie große Schwärme bilden, die sich meist nahe der Wasseroberfläche aufhalten.

*Mundlappen*

# Die Feuerqualle oder Gelbe Nesselqualle

wird bis 50 cm groß.

Die gefürchtetste Qualle in unseren Gewässern ist sicherlich die Feuerqualle. An ihrer gelblichen oder orangeroten Färbung ist sie gut zu erkennen. Die Oberseite ist glatt, aber auf der Unterseite hängen die meterlangen Tentakeln mit ihren gefährlichen Nesselzellen. Berührst du sie, schießt die Qualle ihre Nesselzellen ab, und es brennt fürchterlich. Auch an den Strand gespülte Exemplare solltest du nicht anfassen.

Tentakeln ——

## Schon gewusst?

Wesentlich häufiger ist die Blaue Nesselqualle. Ihr bläulicher Schirm ist kleiner, mehr gewölbt und ihre Tentakeln sind nicht so lang. Das Gift brennt nicht so stark wie etwa bei einer Brennnessel. Hat dich doch eine Feuerqualle oder Blaue Nesselqualle erwischt, spül die Stelle gut mit Meerwasser ab. Nicht abreiben, sonst wird noch mehr von dem Nesselgift freigesetzt.

Die Feuerqualle lebt im Nordatlantik, in der Nordsee und der westlichen Ostsee. In arktischen Gewässern wird sie deutlich größer, bis zu einem Schirmdurchmesser von zwei Metern.

# Der Seehund

wird bis zu 2 m lang.

Das häufigste Säugetier an der Küste ist der Seehund. Sie haben einen rundlichen Kopf, eine kurze Schnauze und zwei große, schwarze Augen. Ihr Fell ist meist grau mit dunklen unregelmäßigen Flecken.

## Schon gewusst?

Findest du zufällig einen jungen Seehund (Heuler) am Strand, mach einen großen Bogen um ihn. Um Futter zu suchen, lässt die Mutter ihr Junges häufig mehrere Stunden allein. Aber wenn lauter Menschen um das Junge herumstehen, kommt sie natürlich nicht zurück. Am besten du sagst der Kurverwaltung oder der Polizei Bescheid. Ein Seehundsjäger stellt dann fest, ob das Junge gesund ist oder tatsächlich verlassen wurde und sperrt den Strandabschnitt ab. Dann kann die Mutter ihr Junges wieder in Ruhe abholen.

Den Winter verbringen sie in der offenen See. Erst im Frühling kommen sie an die Küste und bringen im Juni und Juli ihre Jungen auf ungestörten Sandbänken zur Welt. Sie leben im Nordatlantik, in der Nordsee und mit wenigen Tieren auch in der westlichen Ostsee.

# Die Kegelrobbe

wird bis zu 2,30 m lang.

*Männchen*

*Weibchen*

Die Kegelrobbe ist Deutschlands größtes Raubtier. Sie sieht dem Seehund recht ähnlich, hat aber einen kegelförmigen Kopf mit einer länglichen Schnauze. Die Männchen tragen ein dunkelgraues Fell mit hellen Flecken, bei den Weibchen ist es dagegen umgekehrt. Sie tragen ein silbergraues Fell mit dunkleren Flecken. Eine dicke Speckschicht schützt sie vor dem kalten Wasser. Sie können 20 Minuten lang tauchen und bis in 300 m Tiefe.

Die Kegelrobbe lebt vor allem im Nordatlantik. Kleine Vorkommen gibt es in der Nordsee, die langsam wieder anwachsen. In der Ostsee ist sie selten, aber häufiger als der Seehund.

## Schon gewusst?

Kegelrobben bekommen ihre Jungen mitten im Winter. Auf abgelegenen Sandbänken oder Inseln kommen die Jungen schon ab Dezember auf die Welt. Im Gegensatz zu den Seehunden haben sie ein flauschig weiches, cremefarbenes Fell. Wegen ihres Fells und weil sie den Fischern so viele Fische wegfressen, wurden sie früher gejagt. Heutzutage ist das verboten, sie stehen unter Naturschutz.

# Die Silbermöwe

kommt ganzjährig vor und wird 54 bis 60 cm groß.

*Jungvogel*

Die häufigste Großmöwe an der Küste ist die Silbermöwe. Ausgewachsene Vögel erkennst du leicht an der silbergrauen Oberseite, den schwarzen Flügelspitzen, dem gelben Schnabel mit einem roten Punkt und den rosa Beinen. Erst mit vier Jahren ist die Silbermöwe ausgewachsen. Vorher tragen die Jungvögel ein braun geflecktes Gefieder und sind nur schwer von anderen Großmöwen zu unterscheiden.

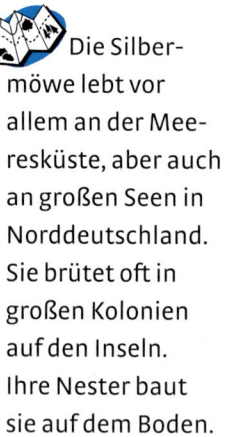

Die Silbermöwe lebt vor allem an der Meeresküste, aber auch an großen Seen in Norddeutschland. Sie brütet oft in großen Kolonien auf den Inseln. Ihre Nester baut sie auf dem Boden.

## Schau genau hin!

Als Allesfresser findet die Silbermöwe immer genug zu fressen. Neben selbst gefangenen Krebsen und Fischen fliegt sie auch den Fischerbooten hinterher und hofft dort auf Fischabfälle, oder sie frisst auf dem frisch gepflügten Acker die Würmer. Mit etwas Glück kannst du auch beobachten, wie sie mit großen hartschaligen Muscheln oder Tieren in die Luft fliegt und sie über hartem Untergrund fallen lässt, damit sie kaputtgehen.

# Die Lachmöwe

kommt ganzjährig vor und wird
35 bis 39 cm groß.

Mit ihrem schokoladen-
braunen Kopf fällt die Lachmöwe
im Brutkleid gleich auf. Schnabel
und Beine sind kräftig rot gefärbt,
die Flügelspitzen schwarz.

## Schon gewusst?

Ihren Namen hat die Lachmöwe
einer Verwechslung zu verdanken.
Denn ihre krähenden Rufe haben
wenig mit Lachen zu tun. Und auch
die Tatsache, dass sie gerne an
flachen Seen, sogenannten Lachen,
brütet, ist eher ein Zufall. Als die
Lachmöwe ihren wissenschaft-
lichen Namen bekam, wurde sie
noch mit einer in Nordamerika
lebenden, sehr ähnlichen Möwe als
eine Art gezählt. Diese Möwe hat
tatsächlich einen lachenden Ruf.

*Brutkleid*

Im Schlichtkleid
bleibt von dem
dunklen Kopf nur
ein schwarzer Fleck
hinter dem Auge.

Noch vor 100 Jahren lebte die
Lachmöwe vor allem im Binnenland. Von dort breitete sie sich
stark aus und ist jetzt die häufigste
Möwe an der Küste. Sie brütet oft
in großen Kolonien in den Salzwiesen oder am Ufer von Seen.
Im Winter kommt sie auch an Park-
teiche und lässt sich dort füttern.

*Schlichtkleid*

# Der Austernfischer

kommt ganzjährig vor und wird 39 bis 44 cm groß.

Der Wappenvogel der Nordsee könnte der Austernfischer sein. Denn mit seinem schwarz-weißen Gefieder, dem roten Schnabel, den roten Beinen sowie seinem lauten und durchdringenden Rufen ist er sicher der auffälligste Wat-vogel der Küste. Wegen seiner Färbung wird er auch gerne „Halligstorch" genannt. Im Schlicht-kleid trägt er ein weißes Halsband.

## Schau genau hin!

Am Schnabel des Austernfischers erkennst du, was er frisst. Denn Austernfischer ha-ben sich entweder darauf spezialisiert, Muscheln und Schnecken zu knacken, oder im Schlick nach Würmern zu stochern.

Beim Aufhämmern von Muscheln wird die Schna-belspitze mit der Zeit ganz stumpf. Beim Sto-chern im Schlick bleibt der Schnabel spitz. Welche Nahrung sie fressen, ler-nen sie von ihren Eltern.

Der Austernfischer brü-tet meist in offenem Gelände. Das können Sandstrände, Dünen, Salzwiesen oder Vieh-weiden sein. Selbst auf Haus-dächern mit Kies hat man schon Nester gefunden. Wäh-rend der Brutzeit sind die Aus-ternfischer sehr aggressiv und hacken mit ihrem kräftigen Schnabel nach ihren Feinden. Sonst sind sie sehr gesellig und bilden große Trupps im Watt.

# Der Säbelschnäbler

kommt von März bis Oktober vor
und wird 42 bis 46 cm groß.

Als einer der wenigen Watvögel
hat der Säbelschnäbler Schwimmhäute zwischen
den Zehen.
Die braucht er
besonders in
sehr weichem
Schlamm,
damit er nicht
so tief einsinkt.

Unverwechselbar ist der Säbelschnäbler. Kein anderer Vogel hat ein
schwarz-weißes Gefieder, lange bläu-
liche Beine und einen nach oben gebogenen Schnabel. Er ruft laut „klütt"
und bei Gefahr „kuit kuit kwit …",
um den Störenfried zu vertreiben.
Aus dem Schlamm siebt er gerne kleine
Tierchen. Dafür pendelt er mit dem
Kopf ständig hin und her und säbelt
mit dem Schnabel durch den
Schlamm oder über die Wasseroberfläche. Im leicht
geöffneten Schnabel
bleibt dann die
Nahrung
hängen.

Der Säbelschnäb-
ler brütet gerne nahe am
Wasser, besonders dort, wo
das Wasser schön flach ist, wie
in Lagunen oder im Wattenmeer.
Leider werden seine Nester
dann manchmal vom
Hochwasser überspült.

# Der Sanderling

kommt fast ganzjährig vor und
wird 18 bis 21 cm groß.

Der Sanderling ist etwa so groß
wie der Alpenstrandläufer, hat aber
einen kürzeren, geraden Schnabel.
Der Bauch ist immer weiß. Im Brutkleid trägt der Sanderling rotbraune
Halsfedern und auch die Oberseite
ist rotbraun und schwarz
gemustert. Im
Winter hat er
das hellste
Gefieder
von allen
Strandläufern.

## Schau genau hin!

Der Sanderling ist ein wahrer
Dauerläufer. Meist siehst du
ihn, wie er wie eine aufgezogene
Spielzeugmaus den Wellen
hinterherrennt und schaut, was
soeben an Futter angespült wurde. Dann saust er wieder knapp
vor der heranrollenden Welle
vorweg. Auch bei Spaziergängern
trippelt er erst einmal eine Weile
vor ihnen her, bevor er dann
doch auffliegt. Allein an diesen
Verhaltensweisen kannst du ihn
schon bestimmen.

*Schlichtkleid*

Die Brutgebiete des Sanderlings liegen in der Tundra von Sibirien,
in Nordamerika und Grönland. Auf der Durchreise findest du ihn auch an
unseren Küsten. Und wie sein Name schon sagt, hält er sich dann gerne
an reinen Sandstränden auf.

# Der Rotschenkel

kommt ganzjährig vor und wird 24 bis 27 cm groß.

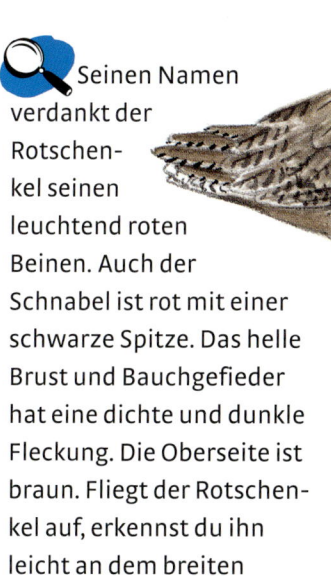

Seinen Namen verdankt der Rotschenkel seinen leuchtend roten Beinen. Auch der Schnabel ist rot mit einer schwarze Spitze. Das helle Brust und Bauchgefieder hat eine dichte und dunkle Fleckung. Die Oberseite ist braun. Fliegt der Rotschenkel auf, erkennst du ihn leicht an dem breiten weißen Flügelhinterrand.

Der Rotschenkel brütet an der Küste in den Salzwiesen. Aber auch auf feuchten Wiesen und Mooren im Binnenland baut er seine Nester. In seinem Brutrevier sitzt der Rotschenkel gerne auf Zaunpfosten oder Erdhügeln und überwacht sein Revier. Nahrung sucht er am Ufer oder auf Schlammflächen.

## Schon gewusst?

Dank seinem auffälligen Ruf wird der Rotschenkel in einigen Gegenden der Küste auch Tüter oder Tüütje genannt. Der flötende Ruf „tjü-hü-hü" ist kaum zu überhören. Auch wenn er einen Feind oder Störenfried entdeckt, wird dieser mit lauten Rufen vertrieben. Mutig fliegt der Rotschenkel auf ihn zu und vertreibt ihn aus seinem Revier.

Besonders beeindruckend sind die Flugleistungen der Watvögel. Der Knutt kann zum Beispiel bis zu 5 000 km am Stück zurücklegen. Rekordhalter ist aber die Pfuhlschnepfe. Dank einem Minisender konnten Wissenschaftler nachweisen, dass eine Pfuhlschnepfe 11 700 km ohne Unterbrechung geflogen ist. Dafür war sie acht Tage in der Luft.

# Der Knutt

kommt von August bis Mitte Juli vor und wird 23 bis 26 cm groß.

Im Frühling, wenn er sein Brutkleid trägt, erkennst du ihn an seinem rostroten Brust- und Bauchgefieder. Der Schnabel ist relativ kurz und kräftig. Das Schlichtkleid ist dagegen sehr unauffällig, die Unterseite ist weiß und die Brust leicht gefleckt. Das Rückengefieder ist einfarbig grau.

*Brutkleid*

An der Küste von Nord- und Ostsee ist der Knutt nur ein Durchreisender. Er brütet weit weg in der Arktis, in Grönland und Kanada und überwintert an den Küsten Afrikas und Westeuropas. Das Wattenmeer nutzt er im Frühjahr und Herbst als Tankstelle. Hier kann er sich für seinen Weiterflug noch mal richtig satt essen und Energie tanken. Riesige Schwärme von mehreren tausend Vögeln fliegen dann über die Wattflächen. An der Ostsee ist er seltener zu sehen.

# Der Alpenstrandläufer

kommt ganzjährig vor und wird 17 bis 21 cm groß.

Im Brutkleid hat der Alpenstrandläufer einen auffälligen schwarzen Bauch, der Rücken ist rotbraun und schwarz gescheckt und er hat einen kopflangen, schwarzen Schnabel, der leicht nach unten gebogen ist.

*Brutkleid*

*Schlichtkleid*

Im Schlichtkleid trägt er wie der Knutt ein eher unauffälliges Gefieder. Der Bauch ist weiß und die Oberseite graubraun. An der Brust sind die Federn etwas gestrichelt.

Nur noch wenige Alpenstrandläufer brüten an unseren Küsten. Die meisten kommen aus Skandinavien und der arktischen Tundra. Über eine Millionen Alpenstrandläufer nutzen das Wattenmeer als Rastplatz, um sich für den Weiterflug ein Fettpolster anzufressen. Bei Hochwasser sammeln sie sich in riesigen Schwärmen und rasten in den Salzwiesen oder auf Sandbänken.

## Schon gewusst?

Der Schnabel des Alpenstrandläufers ist erstaunlich biegsam. Selbst wenn der Schnabel tief im Schlamm steckt, kann er die Schnabelspitze wie eine Pinzette öffnen und den Wurm festhalten. In zwei bis drei Wochen isst er so viel, dass sich sein Gewicht fast verdoppelt. Die Energie reicht dann für den Weiterflug in sein Brut- oder Überwinterungsgebiet.

# Die Brandgans

kommt ganzjährig vor und
wird 55 bis 65 cm groß.

*Männchen*

*Weibchen*

Die Brandgans
sieht aus wie eine große
bunte Ente. Sie hat
einen schwarzen
Kopf und Hals mit
einem roten
Schnabel. Über
die weiße Unter-
seite zieht sich
ein orangebrau-
nes Brustband. Die
Flügel sind schwarz-
weiß. Wenn du genau
hinschaust, erkennst du bei
den männlichen Brandgän-
sen einen roten Höcker über
dem Schnabel.

## Schon gewusst?

Nicht nur die Menschen haben
Kindergärten. Auch bei Brand-
gänsen kann es vorkommen,
dass sich mehrere Familien
zusammenschließen und
einen „Kindergarten" bilden.

Die Brandgans brütet an den
Küsten von Nord- und Ostsee. Sie ist
ein Höhlenbrüter. Gerne baut sie das
Nest in alten Kaninchenhöhlen. Anfang
August versammeln sich fast alle
Brandgänse Nordeuropas zum Mau-
sern im Wattenmeer bei Dithmarschen.
Das können bis zu 200 000 Brandgänse
sein, die dort ihr Gefieder wechseln.
Ansonsten siehst du sie vor allem
auf Schlickflächen, wo sie gerne die
kleinen Wattschnecken fressen.

# Der Kormoran

kommt ganzjährig vor und
wird 77 bis 94 cm groß.

🔍 Ein großer schwarzer Vogel
mit langem Hals und einem kräftigen
Hakenschnabel zum Fischefangen.
Im Brutkleid haben die Altvögel
einen weißen Fleck am Kopf und
am Beinansatz. Kormorane sind
gesellige Tiere, die in großen
Kolonien auf Bäumen brüten
und auch gemeinsam nach
Fischen tauchen.

## Schon gewusst?

Kormorane können nicht wie die anderen Wasservögel ihr Gefieder einfetten. Das hilft ihnen beim Tauchen, sie haben kaum Auftrieb und sind unter Wasser sehr wendig. Leider werden dabei ihre Federn ganz nass. Deshalb siehst du sie oft mit ausgebreiteten Flügeln am Ufer sitzen, um die Federn wieder zu trocknen.

Nachdem
die Kormorane als
Konkurrenten der
Angler und Fischer in
Deutschland schon fast ausgerottet waren, wurden sie unter Schutz
gestellt. Jetzt haben sich die Bestände wieder erholt und du findest
Kormorane an der ganzen Küste und an vielen Seen im Binnenland.

# Der Queller

blüht im August und wird bis 45 cm groß.

*Wie ein kleiner, verzweigter Kaktus steht der Queller an der Küste.*

Der Stängel und die zu Schuppen reduzierten Blätter des Quellers sind grün und dick. Das schwammige Aussehen liegt am Salzwasser. Denn der Queller versucht, das für Pflanzen giftige Salz in seinen Zellen durch die Aufnahme von Süßwasser zu verdünnen. So werden die Blätter immer dicker. Im Herbst ist der Salzgehalt in den Zellen so hoch, dass die Pflanze abstirbt. Dann färbt sich der Queller rostrot.

*Der Queller im Herbst*

Der Queller wagt sich am weitesten ins Salzwasser vor und wächst schon an den Stellen, die täglich vom Salzwasser überspült werden. Da kann er große Flächen bedecken und trägt so zur Verlandung der Küste bei.

## Mach mit!

An der Küste wird der Queller gerne gegessen. Er schmeckt leicht salzig und pfeffrig. Ab Mai kannst du ihn sammeln und einem leckeren Salat zugeben oder als Gemüse essen: kurz kochen und dann in Butter schwenken. Deshalb wird er auch Meerfenchel oder Meerspargel genannt.

## Schon gewusst?

Die Samenschoten des Meersenfs haben ein lufthaltiges Gewebe. Daher können sie lange im Wasser treiben und weite Strecken im Meer zurücklegen. So sind sie imstande, neue Gebiete an der Küste zu erobern. Ein Teil des Pflanzensaftes wird in der Kosmetik für Hautpflegemittel benutzt.

# Der Meersenf

blüht von Juli bis Oktober und wird bis 40 cm groß.

Der Meersenf gehört zu den Kreuzblütlern. Die erkennst du leicht an ihren vier kreuzförmig angeordneten Blütenblättern. Beim Meersenf sind die duftenden Blüten rosa, hell-violett oder weiß.

Die Pflanze ist oft reich verzweigt, wie ein kleiner Busch. Die dicken Blätter sind sehr unterschiedlich, von ungeteilt bis tief eingeschnitten.

Den Meersenf findest du meist im Spülsaum auf sandigen Böden. Dank der vielen angespülten Algen hat er genug Nährstoffe zum Wachsen. Er wächst an den Küsten von Nord- und Ostsee.

# Die Strand-Aster

blüht von Juli bis September und wird
15 bis 70 cm groß.

Wie beim Gänseblümchen besteht
die Blüte bei der Strand-Aster aus vielen
kleinen Einzelblüten. In der Mitte sitzen
die gelben Blüten und bilden ein Körbchen
und außen herum formen lange Blüten
einen blauvioletten Kranz.

## Schon gewusst?

Die Blätter der Strand-Aster
schmecken nicht nur dem
Vieh und vielen Insekten gut,
sie können auch vom Menschen als Gemüse gegessen
werden. Dabei sollte man darauf achten, nicht die unteren Blätter zu nehmen, denn
hier lagert die Strand-Aster
das meiste Salz ein. Wird die
Salzkonzentration zu hoch,
wirft sie die Blätter ab und
wird so das giftige Salz los.

*Der Stängel ist stark
verzweigt und trägt
viele Blüten.*

Die Blätter sind
länglich
mit einem
glatten
Rand und
wie bei vielen
Salzpflanzen
etwas dick.

Die Strand-Aster
steht in den Salzwiesen
der Nord- und Ostsee.
Sie wächst knapp über der
Hochwasserlinie und kann
viele Überflutungen mit
Salzwasser ertragen.

# Der Strandflieder

blüht im August und September und wird 20 bis 50 cm groß.

Der Strandflieder wird auch Halligflieder genannt. Die Blütenstände sind stark verzweigt und bestehen aus vielen kleinen violetten Einzelblüten. Im Spätsommer können sie große Flächen in der Salzwiese lila färben. Die lederigen, länglich ovalen Blätter bilden am Grund eine Rosette, das heißt, die Blätter entspringen alle etwa auf der gleichen Höhe.

Aufgrund seiner schönen Blüten wurde der Strandflieder früher gerne gepflückt und war sehr selten. Dank der Nationalparks an der Nordseeküste findest du ihn wieder in großen Beständen in den Salzwiesen. An der Ostseeküste ist er viel seltener.

## Schau genau hin!

Der Strandflieder hat wieder eine andere Methode gefunden, um das schädliche Salz aus seinen Blättern loszuwerden. Er hat viele winzige Drüsen auf der Blattoberfläche, über die er das Salz ausscheiden kann. Das ist für die Pflanze eine sehr energieaufwendig Methode. An sonnigen Tagen kannst du mit einer Lupe sogar die kleinen Salzkristalle auf den Blättern erkennen.

*Strandflieder in einer Salzwiese*

## Schon gewusst?

Braunalgen sind zu richtigen Nutzpflanzen geworden. Auch du hast schon viele Dinge benutzt oder gegessen, in denen Fingertang enthalten ist. Denn aus den Algen werden Alginate (Schleimstoffe) gewonnen und als Stabilisator genutzt. Der wird z.B. für Pudding, Ketchup, Eis oder für Zahncreme gebraucht. Früher wurden die Braunalgen auch als Dünger auf den Feldern ausgebracht.

# Der Fingertang

wird bis 200 cm lang.

Wie ein kleines Bäumchen ist der Fingertang in „Wurzel, Stiel und Blatt" aufgeteilt. Am Boden hält sich der Tang mit einer wurzelartigen Haftkralle fest. Dann folgt ein kurzer Stiel mit dem circa 50 cm breiten „Blatt" (Thallus), dass wie eine Hand in viele lange „Finger" geschlitzt ist. Der Fingertang gehört zu den Braunalgen.

Blatt

Stiel

Haftkralle

Der Fingertang braucht einen festen Untergrund. Er wächst knapp unterhalb der Wasserlinie, aber auch noch in sechs Meter Tiefe. Meist findest du ihn angeschwemmt an der Küste, wenn er bei starken Stürmen vom Untergrund abgerissen wurde.

# Der Blasentang

wird bis 100 cm groß.

Seinen Namen trägt der Blasentang wegen der vielen luftgefüllten Bläschen auf seinen blattartigen Verzweigungen. Die sorgen dafür, dass die Pflanze aufrecht im Wasser steht und so optimal mit Licht versorgt wird. Der Blasentang ist reich verzweigt, wie ein kleiner Busch. Er hält sich mit einer Art Haftscheibe auf Steinen, Felsen oder Mauern fest.

## Schau genau hin!

Neben den Gasblasen bilden sich im Sommer noch warzige Bläschen mit einem glibberigen Inhalt. Sie enthalten die Geschlechtszellen. Durch kleine Poren werden diese ins Wasser abgegeben. So können sie die Nachbarpflanzen befruchten und neue Pflanzen bilden.

Der Blasentang wächst bevorzugt innerhalb der Gezeitenzone, das heißt, während der Ebbe liegt er auf dem Trockenen. Dann schützt er sich mit einer Schleimschicht gegen die Austrocknung. An der deutschen Nordseeküste findest du ihn an Hafenmauern oder auf der Felseninsel Helgoland. In der Ostsee wächst er auch in größeren Tiefen.

245

# Register

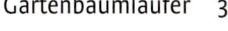

# Register

# Register

# Spannende Reisen in die Natur

Je 96 Seiten, zahlreiche Abbildungen
Ab €/D 7,95